Uli Heuel · Mut für jeden Tag

Uli Heuel

Mut für jeden Tag

365 Mini-Meditationen

Styria

Die Deutsche Bibliothek – CIP-Einheitsaufnahme

Heuel, Uli:
Mut für jeden Tag : 365 Mini-Meditationen / Uli Heuel. –
Graz ; Wien ; Köln : Verl. Styria, 1997
ISBN 3-222-12527-9

Printed in Germany
Umschlaggestaltung: Graphic Pirker, Graz
Satz: Weitzer & Partner, Graz
Druck und Bindung: Ebner Ulm
ISBN 3-222-12527-9

VORBEMERKUNGEN

Die Kurzmeditationen für jeden Tag orientieren sich an der Bibel: ein Bibelwort – eine aktuelle Kurzbetrachtung unter dem Aspekt: Was hat diese Bibelstelle mit meinem eigenen Leben zu tun? – und ein Gebetssatz. Der Weg führt innerhalb eines Jahres durch die gesamte Heilige Schrift, in konsequenter Reihenfolge vom ersten Buch Mose bis zur Offenbarung des Johannes – wenn auch nur in einzelnen Versen, also eine Art „eiserner Ration"; zugleich ein facettenreicher, die wesentlichen Inhalte aufgreifender „Streifzug" durch die Bibel. Vielleicht regt das ja dazu an, sich in das Textumfeld der jeweiligen Verse hineinzulesen. Besondere Berücksichtigung finden die Psalmen (sämtliche: 1–150) und die Weisheitsschriften des Alten Testaments. Man kann sich natürlich von der Tageseinteilung lösen und nach eigenem Belieben bzw. persönlichem Bedürfnis eine oder mehrere Meditationen herausgreifen.
Von der Orientierung an der Bibel und dem Nachdenken über wesentliche Inhalte des Christentums her wenden sich die Kurzmeditationen zwar zunächst einmal an Menschen, die sich in irgendeiner Weise der christlichen Botschaft verbunden fühlen; „in irgendeiner Weise" soll heißen: von christlich überzeugten bzw. kirchlich bewußt gebundenen Menschen bis hin zu eher skeptischen „Randsiedlern". Darüber hinaus aber wollen sie Menschen ansprechen, die keine solche Verbundenheit (mehr?) haben und trotzdem stärker oder geringer an christlichen Inhalten interessiert sind – eventuell an noch nicht einmal spezifisch christlichen, sondern allgemein-humanen Idealen wie der Harmonie zwischen Menschen und Völkern. Und vielleicht können die Texte ja auch Menschen ansprechen, die mit Christentum überhaupt nichts „am Hut haben". Dabei verleugnen die Kurzmeditationen jedoch nicht die besondere christliche Überlieferung als ihren prägenden Hintergrund.
Die Gebetssätze richten sich in der Anrede an *Gott* – zugegebenermaßen ein abgegriffenes, oft leeres Wort, außerdem ein zwangsläufig nur stammelnder Versuch, den Unnennbaren zu benennen. Trotzdem: Soll dieser Unnennbare und Unbegreifbare uns nicht ins Nebulöse entgleiten, dann müssen wir ihn irgendwie benennen, und da ist „Gott" der wesentliche und unersetzliche Name. Und es ist ein Wort, das durchaus auch voll Inhalt und Leben sein kann. Denn: Die

Anrede „Gott" in den Gebetssätzen richtet sich an den Gott, den die christliche Tradition als *dreieinigen* bezeichnet – zwar ebenfalls ein oft leeres, ein schwieriges und häufig mißverstandenes Wort, zugleich aber hindeutend auf das göttliche Geheimnis der *einen* unendlichen Liebe, das unergründliche Geheimnis des einen und einzigen Gottes, der die Welt erschaffen hat, in Jesus Christus zu unserer Erlösung Mensch wurde und im Heiligen Geist als Lebenskraft der Schöpfung wirkt. Nebenbei: Die in der Bibel und damit auch in diesem Buch öfter verwendete Bezeichnung „Herr" für Gott sollte nicht in dem Sinn verstanden werden, daß sie auf ein Mann-Sein Gottes hindeutet – Gott ist kein Mensch, weder Mann noch Frau; vielmehr handelt es sich um einen traditionellen Ehrentitel zur Betonung der Größe und Hoheit des Gottes, der die Welt in guten Händen hält.
Da ist (traditionell-bildlich und menschlich-unzulänglich gesprochen und doch die Wahrheit berührend) der *Vater* mit den mütterlichen Zügen, also der lebenzeugende, nährende, bergende Gott. Da ist der, der ihn in herausragender Weise *seinen* Vater nennt und – so die Überlieferung – seit Ewigkeit als *Sohn* „am Herzen des Vaters ruht": Christus, menschgewordener Gott, der uns durch Liebe bis ans Kreuz und durch seine Auferstehung aus der Friedlosigkeit unserer selbstverschuldeten Gottesferne befreit. Da ist der *Heilige Geist*, göttlicher Lebensatem, die Kraft auf unserem Weg durch die Zeit hin zur Vollendung. Vater, Sohn, Heiliger Geist – die *drei* „Personen" (in unseren unzureichenden Begriffen ausgedrückt), die drei „Aspekte" des *einen* unbegreiflichen Gottes der Liebe. Diesen großen „Inhalt" verbinde ich mit der Anrede „Gott". Auf diesem Inhalt beruht auch, daß ich Gott überhaupt und zudem mit „Du" anrede: Gott ist kein abstraktes Prinzip, sondern bei aller Unbegreifbarkeit ein persönlicher Gott, uns menschlich nahegekommen, mir persönlich ganz nahe; ein Gott, der mich etwas angeht, dem ich am Herzen liege, der mir Mut geben will an jedem Tag, Mut zur Zukunft.

Uli Heuel

HINWEISE

Bei der Auswahl der **Bibelverse** wurde auf verschiedene (katholische, evangelische, jüdische) Übersetzungen zurückgegriffen – zum einen, um den ökumenischen Charakter zu unterstreichen, zum anderen, weil aus Sicht des Verfassers eine bestimmte Übersetzung des jeweiligen Bibelverses besser ist als die anderen bzw. für die jeweilige Meditation passender ist, und schließlich aus Gründen der Lebendigkeit.
Verwendete Übersetzungen (mit Abkürzungen):
Das Neue Testament (NT) – Übersetzung des katholischen Theologen Fridolin Stier (1902–1981)
Die Bibel – Einheitsübersetzung (EÜ) – 1962 begonnene, von den katholischen deutschen Bischöfen 1978 für den kirchlichen Gebrauch genehmigte Bibelübersetzung, an der auch evangelische Fachleute mitgearbeitet haben; wird im vorliegenden Buch eine Bibelvers-Übersetzung verwendet, die in der Einheitsübersetzung und anderen Übersetzungen gleich lautet, steht als Quellenangabe immer die Einheitsübersetzung
Die Bibel in heutigem Deutsch – Die Gute Nachricht des Alten und Neuen Testaments (GN) – gemeinsame Bibelübersetzung evangelischer und katholischer Theologen, als Gesamtausgabe 1982 erschienen
Die Bibel nach der Übersetzung Martin Luthers (LB) – Lutherbibel in revidierten Fassungen
Die Heilige Schrift des Alten und Neuen Testaments, „Zürcher Bibel" (ZB) – Bibelübersetzung, die auf die Reformation Calvins zurückgeht
Die Schrift (DS) – Bibelübersetzung der jüdischen Religionsphilosophen Martin Buber (1878–1965) und Franz Rosenzweig (1886–1929); 4 Bände: Die fünf Bücher der Weisung/Bücher der Geschichte/Bücher der Kündung/Die Schriftwerke

Die biblischen Bücher und ihre Abkürzungen

Auflistung nach der kath. „Einheitsübersetzung“ der Bibel. Die mit * gekennzeichneten alttestamentlichen Schriften finden sich in der Lutherbibel nicht unter den eigentlichen Bibelbüchern, sondern sind in einem Anhang als „Apokryphen“ zusammengefaßt: „Das sind Bücher, die der Heiligen Schrift nicht gleich gehalten, und doch nützlich und gut zu lesen sind“ (Martin Luther). Die als „Apokryphen“ bezeichneten Schriften sind in der hebräischen Fassung des Alten Testaments nicht enthalten, sondern erst in späteren griechischen bzw. lateinischen Übersetzungen. Luther erkannte sie deshalb nicht als vollwertige Bibelbücher an. Die kath. Kirche hingegen zählt sie gleichrangig unter die Bücher des Alten Testaments.

DAS ALTE TESTAMENT

		Seiten
Die fünf Bücher des Mose	(1. Januar– 29. Januar)	15–29
Genesis (1. Buch Mose)	(Gen)	
Exodus (2. Buch Mose)	(Ex)	
Levitikus (3. Buch Mose)	(Lev)	
Numeri (4. Buch Mose)	(Num)	
Deutoronomium (5. Buch Mose)	(Dtn)	
Die Bücher der Geschichte des Volkes Gottes	(30. Januar– 11. Februar)	29–35
Das Buch Josua	(Jos)	
Das Buch der Richter	(Ri)	
Das Buch Rut	(Rut)	
Das erste Buch Samuel	(1 Sam)	
Das zweite Buch Samuel	(2 Sam)	
Das erste Buch der Könige	(1 Kön)	
Das zweite Buch der Könige	(2 Kön)	
Das erste Buch der Chronik	(1 Chr)	
Das zweite Buch der Chronik	(2 Chr)	
Das Buch Esra	(Esra)	

Nach jedem Bibelvers wird in Klammern durch Abkürzungen angegeben, woher der Bibelvers stammt bzw. welche Übersetzung verwendet wurde. Beispiele:
(Gen 1, 27; ZB) bedeutet: Buch Genesis Kapitel 1, Vers 27; nach der Zürcher Bibel

(Mt 3, 1.9; EÜ) bedeutet: Matthäusevangelium Kapitel 3, Vers 1 und 9; nach der Einheitsübersetzung
(1 Joh 1, 8–9; GN) bedeutet: Erster Brief des Johannes, Kapitel 1, Vers 8 bis 9; nach „Die Bibel in heutigem Deutsch – Die Gute Nachricht"

1. Januar

Am Anfang schuf Gott Himmel und Erde. Und Gott sah an alles, was er gemacht hatte, und siehe, es war sehr gut. (Gen 1, 1.31; LB)

Tröstlich zu wissen inmitten bedrängender Fragen, ermutigend angesichts undurchschaubarer Zukunft: eine allumfassende, schöpferische Liebe am Anfang der Welt, am Anfang meines Lebens, am Anfang des neuen Jahres, am Anfang jedes Tages.
Und diese göttliche Liebe trägt und umhüllt mich, eröffnet neue Lebensperspektiven, verwandelt, läßt mich reifen, führt zum Ziel auch durch Dunkelheiten – und alles ist gut.

Gott, hab Dank, daß du meinen Weg vom Anfang bis zum Ziel treu und schöpferisch begleitest. Amen.

2. Januar

Gott schuf den Menschen nach seinem Bilde, nach dem Bilde Gottes schuf er ihn. (Gen 1, 27; ZB)

Der Mensch, ich, erschaffen gott-ähnlich, Abbild der ewigen Liebe, beschenkt mit höchster Würde, berufen zur Liebe, zur Freiheit – und doch immer wieder seine Würde mißachtend, ein Mensch der Lieblosigkeit, der freien Entscheidung für die Unfreiheit der Sünde – ein Zerrbild.

Gott, hilf mir, mich selbst besser zu achten, meiner selbst bewußter zu werden, meiner Würde und Berufung, meines Auftrags. Amen.

3. Januar

So ging Kain hinweg von dem Angesicht des HERRN und wohnte im Lande Nod, jenseits von Eden, gegen Osten. (Gen 4, 16; LB)

Mein Leben außerhalb des Paradieses: stets dem Bösen zugeneigt, immer wieder andere verletzend, das Kainsmal an der Stirn als Spur meines schlimmen Verhaltens. Und tief in mir der Wunsch, zu meinen Wurzeln zurückzukehren, die Sehnsucht nach Vollkommenheit. Eine Sehnsucht, die nicht ins Leere laufen muß: Wenn ich Liebe lebe, setze ich ein Stück Paradies für mich und andere gegenwärtig. Und einmal, so die Verheißung, soll aus diesen Bruchstücken das vollkommene Paradies für mich werden, bei Gott, in ihm.

Gott, laß mich aus meiner tiefsten Sehnsucht leben. Amen.

4. Januar

Die Erde war in Gottes Augen verdorben, sie war voller Gewalttat. Da sprach Gott zu Noach: Mach dir eine Arche aus Zypressenholz! Ich will nämlich die Flut über die Erde bringen. Mit dir aber schließe ich meinen Bund. (Gen 6, 11.14.17.18; EÜ)

Mitten auf dem trockenen Land ein Schiff bauen – verrückt, sagen die Leute. Mitten in einer gottvergessenen Umgebung nach Gottes Wort handeln – mitten in Haß, Brutalität und Gemeinheit Zeichen der Güte setzen – mitten in Krankheit und Tod Hoffnung haben – verrückt, sagen die Leute.
Mitten auf dem trockenen Land ein Schiff bauen – und doch richtig liegen, das Leben für sich und die Welt bewahren, am Ende die Taube mit dem Friedenszweig sehen und den Regenbogen in den Wolken.

Gott, gib mir Mut, das Verrückte zu wagen. Amen.

5. Januar

Der Herr kam, um die Stadt und den Turm anzusehen, die sie bauten. Denn er sagte sich: „Wohin wird das noch führen? Sie sind ein einziges Volk und sprechen alle dieselbe Sprache. Ans Werk! Wir verwirren ihre Sprache, damit keiner mehr den anderen versteht!" (Gen 11, 5.6.7; GN)

Babel, Sprachverwirrung, kein gegenseitiges Verstehen – das passiert auch dort, wo Menschen aneinander vorbeireden – lustlos auf das hören, was der andere sagt – plappern, statt ihr Reden auf das Gegenüber auszurichten; und über Worte hinaus: wo Menschen sich nicht mehr verstehen, weil die wortlose Sprache des Herzens blokkiert ist, die Liebe. Alltägliches Babel. Doch auch pfingstliches Jerusalem mitten im Alltag möglich: Heiliger Geist, Verstehen-Können.

Gott, laß deine Kraft in meinen Begegnungen wirksam werden. Amen.

6. Januar

Der Herr sprach zu Abram: Zieh weg aus deinem Land in das Land, das ich dir zeigen werde. Da zog Abram weg, wie der Herr ihm gesagt hatte. (Gen 12, 1.4; EÜ)

Aufbruch ins Unbekannte, doch Verheißungsvolle. Bequemer, in alten Verkrustungen zu verharren. Und selbst wenn der Kopf „Ja" sagt zum Neuanfang im Guten dunkle Gefühle können den Weg blockieren. Lern den Umgang mit diesen Gefühlen! Gesunde erst innerlich, dann folgen auch echte positive, freundliche Gefühlsäußerungen.
Versuch nicht, trotz inneren Aufruhrs zu lächeln, so zu tun als ob – in der Hoffnung, das Innere ziehe nach. Die Folgen sind Zerrissenheit, Krampf, Täuschung. Außerdem: Selbst bei dunklem Gefühl kannst du nüchtern-handfest Gutes tun – Nächstenliebe ist gefühlsunabhängig.

Gott, stärke mich, im Ringen mit mir täglich ein wenig mehr auf das Bessere, Menschlichere hin zu wachsen, auf den neuen Menschen hin, der ich sein soll. Amen.

7. Januar

Da traf sie der Engel des Herrn am Wasserquell in der Wüste und sprach: Hagar, Magd Sarais, wo kommst du her und wo willst du hin? (Gen 16, 7; ZB)

Uralte Menschheitsfrage: Woher komme ich – wohin gehe ich? Ein Vogel bin ich, der aus dem Dunkel kommt, kurz im Licht fliegt und im Dunkel wieder verschwindet – sagen viele. Ich komme aus dem Licht, der Liebe Gottes, bin in dieser Liebe geborgen und gehe ganz in diese Liebe – sagen wir.
Doch hier werde ich nicht gefragt, wohin ich GEHE, sondern wohin ich WILL. Es gibt keinen automatischen Weg in den Himmel – hinter der strengen Frage, wohin ich WILL, steckt die Befürchtung, daß ich aus freiem Willen in die falsche Richtung laufe.

Gott, erleuchte mich, daß ich den Weg des Guten wähle, den Himmelsweg gehe. Amen.

8. Januar

Abraham wohnte bei den Eichen von Mambre. Eines Tages erschien ihm der Herr: „Nächstes Jahr um diese Zeit wird deine Frau einen Sohn haben." Sara hörte es. Lautlos lachte sie in sich hinein. Abraham und Sara waren nämlich schon alt. Da sagte der Herr: „Warum lacht Sara? Warum zweifelt sie? Für den Herrn ist nichts unmöglich." „Ich habe doch nicht gelacht", sagte Sara. Sie hatte Angst bekommen. (Gen 18, 1.10.11.13.14.15; GN)

Vieles an unserem Glauben können wir bei genauerem Hinsehen als Zumutung empfinden – und ungläubig lachen. Gott reagiert darauf nicht mit der Faust, sondern gesteht uns den Zweifel zu – fragt aber: „Warum lachst du? Warte erstmal ab, was passiert – denk erstmal noch tiefer nach – finde erstmal näher zu mir – du wirst dich wundern!"
Wir dürfen ungläubig lachen, dürfen angstfrei zu unseren Zweifeln stehen – zeigen sie doch, daß wir nicht oberflächlich glauben, sondern genauer hinschauen – und sie können uns näher zu Gott bringen.

Gott, ich danke dir, daß mein ungläubiges Lachen zu meinem tiefgläubigen Lachen führen kann, zur Freude des Glaubens. Amen.

9. Januar

Als die Sonne aufging, war Lot bis nach Zoar gekommen. Da ließ der Herr auf Sodom und Gomorra Schwefel und Feuer vom Himmel herabfallen. Lots Frau aber schaute zurück; da erstarrte sie zu einer Salzsäule. (Gen 19, 23–24.26; GN)

Gefährlich, nur in die Vergangenheit zu schauen. Gefährlich auch, den Blick nur nach vorn zu richten. Du erstarrst zur Salzsäule, lebst gar nicht mehr richtig, nicht mehr im Augenblick. Du darfst zwar zurückschauen, aber mit Maß – um daraus zu lernen, um dich in Erinnerungen wohl zu fühlen.
Du darfst, mußt auch nach vorn blicken, aber mit Maß – und optimistisch: Du weißt nicht, was sein wird, doch weißt du, wer für dich da sein wird: dein Gott. Meistens jedoch solltest du, statt dich an Vergangenheit oder Zukunft festzubeißen, voll im Augenblick leben.

Gott, bewahre mich vor Erstarrung. Amen.

10. Januar

Isaak bat den HERRN für seine Frau, denn sie war unfruchtbar. Und der HERR ließ sich erbitten, und Rebekka, seine Frau, ward schwanger. (Gen 25, 21; LB)

Mein Bitten für mich, für die Mitmenschen geht nichts ins Leere, sondern in Gottes Herz der Liebe – es wird erhört. Gott reagiert – vielleicht wunschgemäß, vielleicht in anderer Form und dennoch auf der Linie meines Wunsches.
So oder so – Gott meint es immer gut mit mir und denen, für die ich bitte.

Gott, gib mir Vertrauen in die Kraft meines Bittens. Amen.

11. Januar

Laban hatte zwei Töchter, der Name der Ältern war Lea, der Name der Jüngern war Rachel. Jaakob diente um Rachel sieben Jahre, und sie waren in seinen Augen wie einige Tage, weil er sie liebte. (Gen 29, 16.20; DS)

Wenn einem etwas wichtig ist, am Herzen liegt, dann investiert man liebend gern Zeit und Mühe, Kraft und Opfer. Wie wichtig ist mir Gott, sind mir die Menschen, bin ich mir selbst? Flüchte ich mich, verliere ich mich in Nebensächlichkeiten? Die Reihenfolge ist bedeutsam: Am Anfang steht Gott – wenn ich zu ihm finde, gerade in einsamer Stille, dann finde ich auch tiefer zu mir, zu den Menschen.

Gott, laß mir das Wichtige wichtig und das Nichtige nichtig sein. Amen.

12. Januar

Jakob blieb allein zurück. Da rang ein Mann mit ihm, bis die Morgenröte anbrach. Und Jakobs Hüftgelenk wurde verrenkt. Und Jakob sagte: Ich habe Gott von Angesicht zu Angesicht geschaut und bin am Leben geblieben. Und als er an Pniel vorüber war, ging die Sonne auf; er aber hinkte an der Hüfte. (Gen 32, 24.25.30.31; ZB)

Mit Gott im Kampf liegen, mit ihm ringen, um ihn ringen, um den Glauben, die Wahrheit, den Sinn des Lebens, des Leidens ringen – in dunkler Nacht des Zweifels durchhalten, beten – Verwundungen davontragen, doch in ihnen stärker werden und sie als heilsame Wunden hin zur tieferen Erkenntnis verstehen lernen – sich trotz offener Fragen und resignativer Anflüge auf einem heiligen Weg wissen – hinken und dennoch tapfer voranschreiten und den Morgenglanz der Sonne sehen mitten im Leben und jenseits der Todesnacht.

Gott, hilf mir von unbedachtem Nachplappern, von blasser Gleichgültigkeit, von voreiligem Wegwerfen zum Ringen um meinen Glauben, zur fruchtbaren Auseinandersetzung. Amen.

13. Januar

Jakobs Sohn Josef war ein junger Bursche von siebzehn Jahren. Jakob hatte ihn von allen seinen Söhnen am liebsten. Deshalb ließ er ihm ein prächtiges Gewand machen. Seine Brüder wurden so neidisch, daß sie kein freundliches Wort mehr mit Josef redeten. (Gen 37, 2.3.4; GN)

Verteufle den Neid nicht gleich, halte ihn nicht verkrampft unter der Decke – dort brodelt er unheilvoll weiter. Neid, eine ganz natürliche menschliche Regung, sollte gelebt werden – maßvoll. Seine gute Seite: Er kann dich zu Größerem, Besserem anstacheln.
Die schlechte Seite: Eiseskälte, zerstörerische Kräfte. Frag dich dann: Was würde ich empfinden, wenn andere mir nichts Gutes, mir meine Fähigkeiten nicht gönnten? Und: Ist es nicht schön, bereichernd, wenn jeder seine besonderen Gaben hat?

Gott, laß mich verantwortungsvoll mit meinen Neidgefühlen umgehen. Amen.

14. Januar

Mosche sprach zu Gott: Da komme ich denn zu den Söhnen Jifsraels, ich spreche zu ihnen: Der Gott eurer Väter schickt mich zu euch, sie werden zu mir sprechen: Was ists um seinen Namen? Gott sprach zu Mosche: Ich werde dasein, als der ich dasein werde. So sollst du zu den Söhnen Jifsraels sprechen: ICH BIN DA schickt mich zu euch. (Ex 3, 13.14; DS)

Seltsamer, vielgedeuteter Name, mit dem Gott sich bezeichnet: Jahwe – ich werde sein, dasein, ich bin, bin da. Meint das ein liebendes Mit-uns-Sein? Ein ewiges Sein aus sich selbst? Gottes daseinschaffende Kraft? Vielleicht auch ist es die Umgehung eines eigentlichen Namens – was für uns heißt: Vorsicht bei unserem verständlichen Bemühen, Gott in Begriffe zu verpacken – sie sind menschlich-unzulänglich, teilweise auch falsch. Gott ist und bleibt der Unbegreifliche, Unnennbare.

Gott, ich bete dich an als den Ganz-anderen. Amen.

15. Januar

Danach gingen Mose und Aaron zum Pharao und sagten: So spricht Jahwe, der Gott Israels: Laß mein Volk ziehen, damit sie mir in der Wüste ein Fest feiern können. (Ex 5, 1; EÜ)

Fort von den Fleischtöpfen Ägyptens, mein Auszug aus der Sklaverei des Konsums, der Weg in die Wüste der Entbehrung, zur Oase der Gottesnähe – mich wenigstens streckenweise freimachen von der erdrückenden Überfülle, den Ketten einer Genußgesellschaft, Maßstäbe wieder richtigrücken, wahres Glück neu entdecken: die Liebe zu Gott und den Menschen.

Gott, laß mich meine Verstrickungen erkennen. Amen.

16. Januar

Die Kinder Israel gingen trocken mitten durchs Meer, und das Wasser war ihnen eine Mauer zur Rechten und zur Linken. So errettete der HERR an jenem Tage Israel aus der Ägypter Hand. (Ex 14, 29.30; LB)

Gespenstische Kräfte können ins Meer der Verzweiflung stürzen. Wer Gott vertraut, wird merken: Das Meer ist zwar noch da, zu sehen, zu riechen, zu hören, bedrohlich zu spüren – aber: Auf wundersame Weise öffnet sich ein Weg mitten durchs Meer – ich gelange hindurch, trockenen Fußes, vielleicht von einigen Wellen kurz berührt, doch ohne zu ertrinken. Und nach vorn hin liegt das friedliche Land – ein neues, freieres Leben ist möglich.

Gott, ich vertraue deiner rettenden Hand. Amen.

17. Januar

Da nahm Mirjam, die Prophetin, Aarons Schwester, eine Pauke in ihre Hand, und alle Frauen folgten ihr nach mit Pauken im Reigen. Und Mirjam sang ihnen vor: Laßt uns dem HERRN singen, denn er hat eine herrliche Tat getan. (Ex 15, 20.21; LB)

Wie oft nehme ich sie im Alltag wirklich wahr, die kleineren und größeren Liebeserweise Gottes? Und wo ich sie wahrnehme, sind sie für mich meist nur Selbstverständlichkeiten, unbeteiligt registriert – ich erkenne den Wert gar nicht mehr, den sie dadurch haben, daß sie aus Gottes vollem Herzen kommen. Wenn ich genauer hinschaue, wenn ich diese Liebe erkenne, werde ich betend, singend, tanzend fähig zum Lob des heilenden, rettenden Gottes.

Gott, öffne meine Augen für dein heilsames Wirken an mir. Amen.

18. Januar

In der dritten Mondneuung nach der Ausfahrt der Söhne Jifsraels vom Land Ägypten kamen sie in die Wüste Sfinai. Dort lagerte Jifsrael, gegenüber dem Berg. Mosche stieg zu der Gottheit auf, da rief ER ihm vom Berg, sprechend: So sprich zum Hause Jaakobs: Ich trug euch auf Adlerflügeln und ließ euch zu mir kommen. Ihr sollt mir werden ein Königsbereich von Priestern, ein heiliger Stamm. (Ex 19, 1.2.3.4.6; DS)

Nicht nur unsere jüdischen Verwandten sind zum königlichen Priestertum berufen. Auch wir sind in spezieller Weise zum Priestertum berufen, in der Taufe durch Christus. Das bedeutet: Wir sollen Gott ungeteilt und froh und aufrecht dienen, ihn anbeten, lieben – und nach seinem Wort den Menschen dienen, in dieser Welt selbstbewußt am Gottesreich der Liebe mitarbeiten. So sollen wir Priesterinnen und Priester sein – jeder, jede von uns hat diese hohe Berufung und Würde – diese Gabe, die Aufgabe in zweifachem Sinn bedeutet: Aufgeben des Bösen und Aufgabe, für das Gute zu wirken.

Gott, laß mich auf meine priesterliche Berufung in Dankbarkeit stolz sein und ihr gemäß leben. Amen.

19. Januar

Dann sagte Mose: Laß mich doch deine Herrlichkeit sehen! Der Herr gab zur Antwort: Ich will meine ganze Schönheit vor dir vorüberziehen lassen und den Namen des Herrn vor dir ausrufen. Ich gewähre Gnade, wem ich will, und ich schenke Erbarmen, wem ich will. (Ex 33, 18–19; EÜ)

Gott wendet sich liebevoll zu, wie und wem er will – ohne Vorleistungen. Wenn ich auf Irrwegen bin, kann sein Erbarmen mich zurückholen. Wenn ich zwanghaft Gutes tue, um mit Gott im reinen zu sein, ist das unnütz – sein Erbarmen ist keine Belohnung, sondern frei geschenkt, und ich kann darin aufleben und gut zu den Menschen sein. Wenn ich Gott tiefer kennenlernen, seine Herrlichkeit schauen möchte, reicht Offensein, Beten, unverkrampftes Kämpfen und Ringen, Warten auf Gottes Erbarmen.

Gott, ich freue mich, daß frei geschenkte Liebe dein Name ist. Amen.

20. Januar

Wer nun aussätzig ist, soll zerrissene Kleider tragen und das Haar lose und den Bart verhüllt und soll rufen: Unrein, unrein! (Lev 13, 45; LB)

Wenn ich einem Menschen begegne, der in seinem Erscheinungsbild von dem der Mehrheit abweicht, kann ich mich verstört oder abgeschreckt wegwenden – oder hinstarren – oder heimlich hinschauen – oder demonstrativ mich so verhalten, als sei da gar nichts Auffälliges – oder überhöflich sein.

Statt dessen sollte ich mir selbst und dem anderen gegenüber ehrlich sein, eingestehen, daß ich es als ungewöhnlich empfinde – und zugleich im Ungewöhnlichen den Menschen sehen, freundlich, offen mit ihm umgehen wie gewöhnlich mit anderen Menschen.

Gott, gib mir Offenheit mir selbst und anderen gegenüber. Amen.

21. Januar

Der Herr sprach zu Mose: Seid heilig, denn ich, der Herr, euer Gott, bin heilig. Ihr sollt nicht stehlen, einander nicht betrügen. Du sollst deinen Nächsten nicht ausbeuten. Du sollst deinen Nächsten lieben wie dich selbst. (Lev 19, 1.2.11.13.18; EÜ)

Gibt es ohne Selbstliebe keine Nächstenliebe, ja ist diese um so größer, je mehr ich mich selbst liebe? Zunächst: Eigenliebe im biblischen Sinn meint keine antrainierte Selbst-Zuneigung, keine „Ich-mag-mich"-Gefühlsduselei bis zur Selbst-Anbetung. Wesentlich meint sie bewußtes Handeln mir zugut, als natürliche menschliche Veranlagung, braucht also kein Gebot. Noch gefördert wird Eigenliebe, wenn ich mich von Gott geliebt weiß.
Sie ist auch nicht notwendig für Nächstenliebe, sondern: Weil Gott mich liebt, reagiere ich mit Treue zu seinem Gebot und liebe tatkräftig den Nächsten – so, wie ich mich selbst liebe.

Gott, stärke in mir die tatkräftige, nicht von Gefühlen abhängige Nächstenliebe und die ebenso tatkräftige, nicht an Empfindungen gebundene Eigenliebe. Amen.

22. Januar

Unterdrückt nicht die Fremden, die in eurem Land leben, sondern behandelt sie genau wie euresgleichen. Jeder von euch soll seinen fremden Mitbürger lieben wie sich selbst. Denkt daran, daß auch ihr in Ägypten Fremde gewesen seid. (Lev 19, 33.34; GN)

Ursprüngliche, enge Grenzen menschlicher Zuwendung fallen – der Fremde, der Mensch anderer Volks- oder Religionszugehörigkeit, wird zum Nächsten, bei Jesus sogar Feinde jeder Art und Ketzer – jeder Mensch, eben auch der Fremde.
Nächstenliebe, die den Fremden mit umfängt, muß für uns um so selbstverständlicher sein, als wir selbst ja Fremde sind, unterwegs zur Heimat bei Gott, und aus seiner Freundlichkeit leben.

Gott, laß mich umfassend lieben. Amen.

23. Januar

Der Herr redete mit Mose und sprach: So sollt ihr zu den Israeliten sprechen, wenn ihr sie segnet: Der Herr segne dich und behüte dich! Der Herr lasse sein Angesicht über dir leuchten und sei dir gnädig! Der Herr erhebe sein Angesicht auf dich und gebe dir Frieden! (Num 6, 22.23.24–26; ZB)

Eine Bitte, ein Wunsch – getragen von vertrauensvoller Zuversicht – jeden Tag neu zu wagen: daß Gott mich liebend umfängt, mir Geborgenheit gibt, mein Herz friedlich macht und meine Hände stärkt für den Frieden. Wenn ich so unter dem Segen Gottes stehe, dann gelingt der Tag, dann gelingt mein Leben.

Gott, ich bin glücklich, von deiner Güte umhüllt zu sein. Amen.

24. Januar

Unterwegs verlor das Volk die Geduld: „Warum habt ihr uns aus Ägypten weggeführt, damit wir in der Wüste sterben?“ Da schickte der Herr zur Strafe giftige Schlangen. Mose betete für das Volk, und der Herr sagte: „Fertige eine Schlange an und befestige sie oben an einer Stange.“ Mose machte eine Schlange aus Bronze. Wer gebissen wurde und auf diese Schlange sah, blieb am Leben. (Num 21, 4.5.6.7.8.9; GN)

Absurd – der Blick zur aufgehängten Bronzeschlange heilt vom tödlichen Schlangenbiß. Und doch: So ist es! Warum? Wir wissen es nicht – es bleibt göttliches Geheimnis. Absurd: Der Blick zu dem am Kreuz aufgehängten Jesus soll uns vom tödlichen Biß der Sünde heilen und uns den Weg zu Gott, zum erfüllten Leben, freimachen. Und doch: So ist es – wir können es nur gläubig annehmen. Die äußerste Liebe des Gekreuzigten befreit uns. Wie das genau vor sich geht, warum wir gerade so erlöst sind, bleibt göttliches Geheimnis.

Gott, laß mich dir vertrauen, auch wenn ich deine Wege nicht verstehen kann. Amen.

25. Januar

So habt nun acht, daß ihr tut, wie euch der HERR, euer Gott, geboten hat, und weicht nicht, weder zur Rechten noch zur Linken, sondern wandelt in allen Wegen, die euch der HERR, euer Gott, geboten hat, damit ihr leben könnt. (Dtn 5, 32.33; LB)

Du darfst nicht, du sollst, du mußt – ewig diese Verbote und Gebote! Düsteres, erstickendes Klima, sklavischer Gehorsam um seiner selbst willen! Was aber, wenn Gottes Gebote konkrete Wegweiser in Richtung Liebe und Leben sind und die Verbote Warnzeichen an gefährlichen Abgründen? Nicht belastend, sondern befreiend?
Gott und Menschen achten, auf Lüge und Gewalt verzichten, niemanden benutzen oder ausnutzen – mir steht es frei, diesen Hinweisen zu folgen, mich für Freiheit und Licht zu entscheiden.

Gott, laß mich deine Gebote als Hilfe und nicht als Bedrückung erfahren. Amen.

26. Januar

Höre, Israel! Jahwe, unser Gott, Jahwe ist einzig. Darum sollst du den Herrn, deinen Gott, lieben mit ganzem Herzen, mit ganzer Seele und mit ganzer Kraft. (Dt 6, 4-5; EÜ)

Zentrales jüdisches Bekenntnis zum einen, wahren Gott – das „Sch´ma Jisrael", das „Höre, Israel!" – Worte, die den frommen Juden bis in den Tod begleiten. Nicht Glaubensbekenntnis vom grünen Tisch der Theologen, sondern Bekenntnis aufgrund lebendiger Gotteserfahrung, innige Liebeserklärung. Gott lieben um seiner selbst, seiner einzigartigen Größe willen – unabhängig vom eigenen Vorteil oder von Dankbarkeit.
Auf den Schultern meiner jüdischen Väter und Mütter im Glauben: ich – doch lebe ich ganz für, in und mit Gott?

Gott, bring mich dir immer näher in Glaube, Hoffnung und Liebe. Amen.

27. Januar

Und nun, Israel, was fordert der Herr, dein Gott, von dir außer dem einen: daß du deinen Gott fürchtest, indem du auf allen seinen Wegen gehst, ihn liebst, und dem Herrn, deinem Gott, mit ganzem Herzen und mit ganzer Seele dienst. (Dt 10, 12; EÜ)

Gottesfurcht – kein panikartiges Sich-Verkriechen vor Gott, sondern: Anerkennen der Tatsache, daß Gott der All-Heilige ist, All-Schönheit, All-Liebe – ehrfürchtiges Staunen und Schweigen, jubelndes Lob, Liebe zu diesem Gott um seiner unendlichen Hoheit willen.
Und die Liebe zu Gott ist bei weitem nicht nur eine Sache der innersten Gefühle. Sie bedeutet auch und wesentlich: Gottes Weisungen zum Leben ganz bewußt befolgen – gut sein, die Menschen lieben. Wir sind frei zur Anbetung, zur Gottesliebe, der Heilige Geist will sie in uns bewirken.

Gott, laß mich dich angemessen lieben. Amen.

28. Januar

Ihr dürft niemand unter euch dulden, der wahrsagt oder aus Vorzeichen die Zukunft deutet, der zaubert, Geister beschwört oder Tote befragt. Wer so etwas tut, ist dem Herrn zuwider. Der Herr ist euer Gott. Ihm sollt ihr ganz und ungeteilt gehören. (Dtn 18, 10.11.12.13; GN)

Inmitten von wachsendem Spiritismus und Okkultismus: Laß dich nicht ein auf Tischerücken oder Geisterbefragen! Laß dir nicht weismachen, jemand könne Kontakt mit deinen Toten aufnehmen! Der einzige Kontakt geht über Gott, über Jesus. Du schaust von hier auf den leuchtenden Stern, der Jesus Christus ist, und deine Toten sehen aus jener Welt auf denselben Stern. In ihm, in Gott, treffen sich eure Blicke, seid ihr euch nahe. Je näher du bei Gott bist, desto näher auch denen, die schon ganz an seinem liebenden Herzen ruhen.

Gott, hilf mir, daß ich mich nicht an der Verachtung deiner uneingeschränkten Hoheit beteilige. Amen.

29. Januar

Mose stieg aus den Steppen von Moab hinauf auf den Nebo, den Gipfel des Pisga gegenüber Jericho, und der Herr zeigte ihm das ganze Land: Das ist das Land, das ich Abraham, Isaak und Jakob versprochen habe. (Dt 34, 1.4; EÜ)

Innehalten, mich aus dem Bannkreis des Augenblicks lösen, auf den Gipfel hinaufgehen, einmal über den Dingen stehen, sie aus einer höheren Sicht betrachten, tief blicken, Gott näher sein. Mir selbst und meinem Gott Rechenschaft ablegen. Das Vergangene überblikken, überprüfen, einordnen.
Das Land der Zukunft deutlicher, umfassender sehen, es besser beurteilen können, träumerisch und nüchtern zugleich. Und tröstlich verspüren: Gott war und bleibt mir treu – auch wenn er mich Wege führt, die ich nicht begreife.

Gott, bring mich dann und wann, ohne Flucht vor dem Augenblick, auf die höhere Warte. Amen.

30. Januar

Jericho war verschlossen vor den Söhnen Jifsraels. ER sprach zu Jehoschua: Umkreiset die Stadt, und die Priester sollen in die Posaunen stoßen, auflärme alles Volk, ein großes Lärmen, dann stürzt die Mauer der Stadt in sich zusammen. (Jos 6, 1.2.4.5; DS)

Menschen mit versteinerten Herzen halten andere Menschen gefangen hinter unsichtbaren Mauern von Unterdrückung, Versklavung, Bevormundung. Unsere Aufgabe ist es, im Namen Gottes laut unsere Stimme zu erheben, die versteinerten Herzen zu erweichen, die Mauern zum Einsturz zu bringen, die Gefangenen zu befreien.
Und wenn wir selbst zu den versteinerten Herzen zählen, zu den Mauerbauern, sollten wir dankbar sein für den Posaunenton des befreienden Wortes Gottes gegen unsere harten Herzen und Mauern.

Gott, laß mein Herz weich werden und mutig zur Befreiung anderer. Amen.

31. Januar

Da schrien die Israeliten zu dem HERRN und sprachen: Wir haben an dir gesündigt, denn wir haben unseren Gott verlassen und den Baalen gedient. Und sie taten von sich die fremden Götter und dienten dem HERRN. Da jammerte es ihn, daβ Israel so geplagt wurde. (Ri 10, 10.16; LB)

Die Bibel spricht ungeschminkt von Sünde, von Schuld – ein heute ungern, verwaschen gebrauchter Begriff, etwa, daβ jemand an etwas schuld ist – und dieser Jemand bin natürlich nicht ich! Daβ ICH schuldig bin, ist schwer zuzugeben. Doch so seltsam es sich anhört: Ich sollte froh sein, das sagen zu können! Damit betone ich meine Freiheit und Verantwortung.
Ich bin kein willenloses, unzurechnungsfähiges Wesen, sondern frei auch zum Bösen durch Tun und Unterlassen. Und: Schuld-Einsicht samt Gottes befreiender Vergebung ermöglicht Rundum-Besserung.

Gott, laβ mich unverkrampft zu meiner Lieblosigkeit, zu Sünde und Schuld stehen, ohne krankhaft-übertriebene Schuldgefühle, doch auch ohne Verharmlosung. Amen.

1. Februar

Als sie nach Bethlehem kamen, da rauschte die Stadt über sie auf: „Ist dies Noomi?" Sie sprach zu ihnen: „Voll bin ich von hinnen gegangen und leer hat ER mich heimkehren lassen." (Rut 1, 19.20.21; DS)

Ich selbstherrlicher Mensch, Gott vergessend, eigene Regeln zu meinem vordergründigen Vorteil aufstellend, atemlos auf Jagd nach Wohlstand und Genuβ – und dann das Gefühl: So geht´s nicht weiter – ich mache mich und andere kaputt! Meine tiefste Sehnsucht, die ich durch all das ja erfüllen will, kann so nicht gestillt werden. Ich bin zwar vollgestopft, aber in mir ist tiefe Leere, Hunger und Durst. Auf dem Heimweg aus der Leere zur Fülle, zu Gott, finde ich mein wahres Glück.

Gott, mach du mein Leben rundum erfüllt. Amen.

2. Februar

Hanna betete und sprach: Mein Herz ist fröhlich in dem HERRN, mein Haupt ist erhöht in dem HERRN. Der Bogen der Starken ist zerbrochen, und die Schwachen sind umgürtet mit Stärke. (1 Sam 2, 1.4; LB)

Wo Gott am Werk ist, da können sich böse Verhältnisse rasch verändern: Die Ausbeuter, die Gewalttäter verlieren den Halt auf ihren Thronen, die Ausgebeuteten, Getretenen, Geschlagenen erheben sich frei.
Wenn es aber stimmt, daß Gott auch durch uns wirkt, daß wir Gottes Hände in dieser Welt sind, dann muß unser Sinnen und Trachten wesentlich darauf gerichtet sein, ungerechte Verhältnisse zu beseitigen und dem Recht zum Sieg zu verhelfen.

Gott, laß mich in deinem Namen für Gerechtigkeit und Frieden wirken, im Kleinen, Alltäglichen, wie im Großen. Amen.

3. Februar

Der HERR sprach zu Samuel: Sieh nicht an sein Aussehen und seinen hohen Wuchs; ich habe ihn verworfen. Denn nicht sieht der HERR auf das, worauf ein Mensch sieht. Ein Mensch sieht, was vor Augen ist; der HERR aber sieht das Herz an. (1 Sam 16, 8; LB)

Schnell geht das: Vom Schein auf das Sein, vom Äußeren auf das Innere schließen. Wir sind Meister im vorschnellen Urteil – für die einen etwa sind lange Haare oder verwaschene Jeans das Zeichen innerer Verkommenheit, für die anderen sind grauer Anzug und steifes Hemd das Zeichen für miefig-spießbürgerliches Denken, für wieder andere ist ein tolles Aussehen das Zeichen für eine starke Persönlichkeit.
Wenn wir da doch vorsichtiger wären und uns an Gott ein Beispiel nähmen – den Aussehen, Hautfarbe, Kleidung nicht interessiert.

Gott, hilf mir, einen Menschen nach seiner Menschlichkeit, Herzlichkeit, nach seinen inneren Werten zu beurteilen. Amen.

4. Februar

Als man König David berichtete: Der Herr hat das Haus Obed-Edoms um der Lade Gottes willen gesegnet, da ging David hin und brachte die Lade Gottes voll Freude in die Davidstadt hinauf und tanzte mit ganzer Hingabe vor dem Herrn her. (2 Sam 6, 12.14; EÜ)

Wenn wir von etwas Beglückendem erfüllt sind, geistige Freudensprünge machen, dann äußert sich das oft auch in einem wirklichen Luftsprung, im Herumtanzen. Wenn wir vom Glauben erfüllt sind an das Schönste und Beste, was es gibt: Gott ist da, befreiend für uns da – können wir dann eigentlich anders reagieren als mit tausend Luftsprüngen, mit Freudentanz und einem erlösten Gesicht? Wann ist mir das zum letztenmal passiert?

Gott, bring meinen Glauben vom Kopf auch in Herz und Bauch. Amen.

5. Februar

Elija geriet in Angst und ging weg, um sein Leben zu retten, eine Tagesreise weit in die Wüste hinein. Dort setzte er sich unter einen Ginsterstrauch und wünschte sich den Tod. Er sagte: Nun ist es genug. Doch ein Engel rührte ihn an: Steh auf und iß! Als er um sich blickte, sah er Brot und einen Krug mit Wasser. Da stand er auf, aß und trank und wanderte, gestärkt durch diese Speise, zum Gottesberg. (1 Kön 19, 4.5.6.8; EÜ)

Todmüde – es ist genug – ich kann nicht mehr, will nicht mehr! Doch es geht weiter. Im nachhinein vermag ich vielleicht etwas besser zu verstehen, warum es so gekommen ist, vermag das rätselhafte Handeln Gottes ein wenig zu entschlüsseln: Wer aus solchen Tiefen rauskommt, ist stärker. Und: Noch bin ich nicht „reif" für meine eigentliche Bestimmung. Ich gehe exakt so lange von Ermüdung zu Ermüdung und von einer Kraft zur andern, bis ich ganz gereift, am Ziel bin.

Gott, laß mich deiner Führung durch Verlust und Gewinn hin voll vertrauen. Amen.

6. Februar

Siehe, da ging der Herr vorüber: ein großer, gewaltiger Sturm, der Berge zerriß und Felsen zerbrach, kam vor dem Herrn her; aber der Herr war nicht im Sturm. Nach dem Sturm ein Erdbeben, aber der Herr war nicht im Erdbeben. Nach dem Erdbeben ein Feuer; aber der Herr war nicht im Feuer. Nach dem Erdbeben das Flüstern eines leisen Wehens. Als Elia dieses hörte, verhüllte er sein Angesicht. (1 Kön 19, 11.12.13; ZB)

Im Flüstern, im leisen Wort begegnet uns Gott. Er überfällt uns nicht mit Schreien und Toben, sondern spricht uns zärtlich an. Um diese leise Stimme zu hören, müssen wir raus aus Lärm und Stimmengewirr des Tages, raus aus allem, was Gottes Wort übertönt – hinein in die Stille. Dort, in der Stille, im Schweigen, werden wir ganz empfindsam für Gott, hören ihn, finden ihn, finden zu uns selbst und den Menschen.

Gott, führe mich immer wieder in die Stille, damit ich dich ganz intensiv wahrnehme. Amen.

7. Februar

Da gingen hin der Priester Hilkia, Ahikam, Achbor, Schaphan und Asaja zu der Prophetin Hulda. Sie aber sprach zu ihnen: So spricht der HERR, der Gott Israels: Siehe, ich will Unheil über diese Stätte und ihre Einwohner bringen, weil sie mich verlassen und anderen Göttern geopfert haben. (2 Kön 21, 14.15.16.17; LB)

Wir, durch Christus zum königlichen, priesterlichen und prophetischen Amt berufen, sollen prophetische Menschen sein – nicht, daß wir Zukünftiges vorhersagen sollen, sondern: In unserem alltäglichen Leben, in unserer konkreten persönlichen und gesellschaftlichen Situation, sollen wir Liebe und Frieden anmahnen, wenn sie mit Füßen getreten werden; sollen wir unter Berufung auf Gottes Wort unbequeme, dem Trend entgegenlaufende Wahrheiten verkünden; sollen wir neue Anfänge in Glaube, Hoffnung und Liebe fördern.

Gott, laß mich meiner prophetischen Aufgabe gerecht werden. Amen.

8. Februar

Zu der Zeit ließ David dem HERRN danken: Singet und spielet ihm, ihr, das Geschlecht Israels, seine Auserwählten! Er ist der HERR, unser Gott. Er ließ niemand ihnen Schaden tun: Tastet meine Gesalbten nicht an! Gelobt sei der HERR, der Gott Israels, von Ewigkeit zu Ewigkeit! (1 Chr 16, 7.9.13.14.21.22.36; LB)

Wenn ich im Blick auf einen Menschen sage: Tastet ihn nicht an! – dann meine ich: Dieser Mensch ist mir hoch und heilig, verletzt sein Recht, seine Ehre nicht! So ist es auch im Verhältnis zwischen Gott und mir: In der Taufe gesalbt mit heiligem Öl – was auf besondere Weise mein Verbundensein mit Gott bestätigt; in geistiger Weise gesalbt mit Heiligem Geist, umfängt mich Gottes Wort: Dieser Mensch ist in meine Heiligkeit einbezogen, ist mir unendlich viel wert, tastet ihn nicht an, ich schütze ihn!

Gott, ich danke dir, daß trotz mancher Anfeindungen und Schrammen meine Ehre und Würde durch dich Bestand hat. Amen.

9. Februar

Nehemia, der Statthalter, und Esra, der Priester und Schriftgelehrte, und die Leviten sprachen zu allem Volk: Seid nicht bekümmert; denn die Freude am HERRN ist eure Stärke. (Neh 8, 10; LB)

Echte Freude ist nichts Krampfhaftes, Aufgesetztes. Sie hat einen konkreten Grund: Etwas Geliebtes ist gegenwärtig oder nahe, wird verspürt, genossen. Je größer die Liebe, desto größer die Freude – die mal stiller, mal ausgelassener sein kann. Mürrische Heilige sind keine Heiligen, weil die Liebe zu Gott fehlt.
Natürlich sind wir ab und zu mürrisch, aber unentwegte Griesgrämigkeit zeigt, daß uns das weite, liebende Herz für Gott fehlt, das Verwurzeltsein, das Ruhen in Gott. Und die Freude an Gott schenkt uns Kraft, ist Antriebsfeder für das Gute.

Gott, mach mich in dir zu einem Menschen der Freude und laß mich auch im Leiden von leiser Freude über deine liebevolle, rettende Gegenwart getragen sein. Amen.

10. Februar

Tobias antwortete seinem Vater Tobit: „Wie soll ich nach Medien kommen, da ich doch den Weg nicht kenne?" Tobit erwiderte: „Such dir einen zuverlässigen Mann, der dich begleitet." Tobias traf auf Rafael, wußte aber nicht, daß er einem Engel Gottes begegnet war. Tobit sagte: „Kannst du ihn begleiten und ihm den Weg zeigen?" Der Engel antwortete: „Ich kenne alle Wege." (Tob 5, 1.2.3.4.10; GN)

Rafael bedeutet: „Gott heilt". Engel sind, gemäß der biblischen Überlieferung und fernab unseren Darstellungen pausbäckiger Flügelwesen, „Vergegenwärtigungen" des liebenden Gottes bei uns – sie begleiten, beschützen, erretten, sie verkünden und fördern Gottes Willen. Und sind anbetend und lobend auf Gott ausgerichtet.
Was über Engel gesagt wird, läßt sich ganz wesentlich in das befreiende Wort fassen: Gott kümmert sich vielfältig um uns. Rafael – Gott heilt, Gott befreit, begleitet ans Ziel, den Tobias und mich.

Gott, ich danke dir für deine belebende Nähe, deine rettende Gegenwart. Amen.

11. Februar

Judit sagte zu ihnen: Versucht nicht, die Entscheidungen des Herrn, unseres Gottes, zu erzwingen; denn Gott ist nicht wie ein Mensch, dem man drohen kann, und wie ein Menschenkind, das man beeinflussen kann. Er wird unser Flehen erhören, wenn es seinem Willen entspricht. (Jdt 8, 9.11.16.17; EÜ)

Wir können nicht wissen oder gar bestimmen, WANN Gott hilft. Wir können nicht wissen oder gar bestimmen, WIE Gott hilft. Wir können uns aber voll und ganz an dem Wissen genügen lassen, DASS Gott hilft.
Selbst dem größten Höllentoben sind wir nicht hilflos ausgeliefert. Da ist ein liebendes Herz, eine rettende Hand, die uns trägt, auffängt und durch jede Dunkelheit sicher zum Ziel bringt.

Gott, ich vertraue blind darauf, daß ich in dir bestens geborgen bin. Amen.

12. Februar

Hiob war fromm. Feuer Gottes fiel vom Himmel und traf Schafe und Knechte. Söhne und Töchter aßen und tranken, da kam ein Wind an die Ecken des Hauses, da fiel es, daß sie starben. Und seine Frau sprach: Sage Gott ab! Er aber sprach: Haben wir Gutes empfangen von Gott und sollten das Böse nicht auch annehmen? (Ijob 1, 1.16.18.19; 2, 9.10; LB)

Funktioniert dein Gott, den du nach deinen Wünschen geformt hast, nicht ordnungsgemäß, muckst du gegen ihn auf – etwa in Leiden. Du hältst erst noch an ihm fest, suchst einen Sinn: Leiden läßt reifen! Wird es allerdings endlos und riesig, zerbricht dein falscher Glaube. Lösch dann aber den Groll nicht durch Ergebung ins Schicksal. Ergib dich statt dessen bewußt, gefaßt in den Willen dessen, der weit über dein Denken handelt, doch immer dir zugut. Und dich im Leiden auch reifen läßt. Versuch, dem wahren Gott zu sagen: Dein Wille geschehe!

Gott, laß mich im Vertrauen auf dich den Mut zum Leben nie verlieren. Amen.

13. Februar

Der Mensch ist von Geburt an schwach, sein Leben ist kurz, wie ein Schatten ist er fort. Für einen Baum gibt es Hoffnung: Wenn man ihn fällt, selbst wenn seine Wurzeln in der Erde altern, er muß nur ein klein wenig Wasser spüren, dann treibt er wieder. Doch kommt ein Toter je zurück ins Leben? Ich hielte gerne diese Qualen aus, wenn ich auf bessere Zeiten hoffen könnte. (Ijob 14, 1.2.7.8.9.14; GN)

Man kann mir Zweige und Blätter, Stamm und Äste nehmen – aber meine Wurzel, mein eigentliches Ich, ist unantastbar, bleibt erhalten – in Gott. In ihm bleibe ich verwurzelt auch im Sterben und nach dem Tod. ICH werde immer in Gott bleiben und neue, grüne Zweige ewiger Seligkeit, vollkommenen Glücks treiben. Das ist meine Hoffnung, mein Trost – selbst wenn ich manchmal zweifle.

Gott, wie gut, daß mich nichts von dir und deiner Liebe scheiden kann. Amen.

14. Februar

Da antwortete Ijob dem Herrn und sprach: Ich hab´erkannt, daß du alles vermagst; kein Vorhaben ist dir verwehrt. (Ijob 42, 1-2; EÜ)

Bei Gott ist kein Ding unmöglich – erfährt Hiob. Bei Gott ist kein Ding unmöglich – erfahre auch ich. Ich soll und werde Gottes allvermögendes, wunderbares Wirken, die Allmacht seiner Liebe an mir verspüren – darf dabei aber nicht vergessen, daß Gottes Allmacht allmächtiger, allweiser ist, als ich sie mir vorstelle – meinen Horizont sprengend, unbegreiflich.
Jetzt, in diesem Augenblick, mein Leben lang bin ich umfangen von Gottes wärmender Zuneigung, die zu ungeahntem Guten fähig ist und es auch ins Werk setzt.

Gott, ich preise dich für deine allvermögende Liebe. Amen.

15. Februar

Wohl dem, der nicht wandelt im Rat der Gottlosen noch tritt auf den Weg der Sünder. Der ist wie ein Baum, gepflanzt an den Wasserbächen, der seine Frucht bringt zu seiner Zeit. (Ps 1, 1.3; LB)

Soll ich vor der bösen Welt fliehen und geistliche Nabelschau betreiben? Nein – ich soll nur dies: den Weltgesetzen des Egoismus, der ichversessenen Hemmungslosigkeit auf Kosten anderer, nicht folgen, nicht mit wehenden Fahnen der Gottvergessenheit nachlaufen; ich soll wie ein festverwurzelter Baum an Wassern des Lebens stehen, mich zu Gott halten, aus ihm Kraft ziehen, Frucht bringen: Glaube, Hoffnung, Liebe – ruhig und gelassen. Und mich liebevoll weit vorneigen in die Welt, den Menschen Schatten geben, sie sättigen an Leib und Seele.

Gott, laß mich wachsen und grünen. Amen.

16. Februar

Die Großen haben sich verbündet gegen den Herrn und seinen Gesalbten. „Laßt uns ihre Fesseln zerreißen und von uns werfen ihre Stricke!" (Ps 2, 2.3; EÜ)

Immer wieder dasselbe Spiel: Wo es Anstrengung kostet – und Gottes Forderungen kosten uns Anstrengung! – da reden wir schnell von Einschränkung unserer persönlichen Freiheit und kümmern uns nicht mehr um Gottes Wunsch und Willen.
Statt uns einbinden zu lassen in eine mühsame, doch beglückende und befreiende Liebe, lassen wir uns ketten von den mühelos zu erfüllenden, doch erniedrigenden und versklavenden Regeln des Bösen. Und das betrifft längst nicht nur die Mächtigen.

Gott, mach mir schonungslos klar, wovon ich mich fesseln lasse. Amen.

17. Februar

Herr, wie zahlreich sind meine Bedränger; so viele stehen gegen mich auf. Viele gibt es, die von mir sagen: „Er findet keine Hilfe bei Gott." Du aber, Herr, bist ein Schild für mich, du bist meine Ehre und richtest mich auf. (Ps 3, 2–4; EÜ)

Und wenn die ganze Welt gegen mich steht, wenn sie mir von allen Seiten zurufen: Du bist nichts, du kannst nichts, dich hat jeder abgeschrieben! – ich weiß, daß ich in Gott eine hohe, unverlierbare Würde habe, daß Gott selbst meine Ehre ist, daß ich etwas bin, ja daß ich einmalig bin.
Gott hält zu mir und erhebt mein Haupt. Ich nähre mich aus seiner Kraft, seiner Liebe, werde stark durch Gottes Hilfe und Schutz – um dann aus eigenem Bemühen, selbstverantwortlich und selbstbewußt Gutes zu tun, für andere Menschen, für mich selbst.

Gott, ich danke dir, daß ich etwas Großes bin und kann. Amen.

18. Februar

Du hast mir Raum geschaffen, als mir Angst war. (Ps 4, 2; EÜ)

Das kennt jeder: Angst und Furcht, die deine Kehle zuschnürt, dir das Gefühl gibt, unentrinnbar zwischen engen Mauern gefangen zu sein, ersticken zu müssen. Doch auch das kann jeder erfahren, im Vertrauen auf Gott und durch seine Hilfe: Die Mauern werden gesprengt, mit einem Mal, der Raum wird weit, die Luft zum Atmen ist wieder da. Deine Angst entschwindet.
Zumindest ist sie nicht mehr übermächtig, zerfrißt und blockiert nicht mehr. Mit freierem Kopf kannst du – in Gott verankert – an ihre Bewältigung gehen, begreifst Angst vielleicht auch als Warnsignal, als beflügelnd oder sogar als nötig für ein lebendiges Leben.

Gott, sei du mein Erlöser. Amen.

19. Februar

Ich aber darf durch deine große Gnade eingehen in dein Haus, darf in Ehrfurcht anbeten vor deinem heiligen Tempel. (Ps 5, 8; ZB)

Ehrfurcht – die tiefe Achtung vor jedem Menschen als Gottes Ebenbild, der heilige Respekt vor dem erhabenen Gott selbst. Glaube an Gott den All-Heiligen, die All-Liebe führt zur verehrenden Liebe, zur Anbetung aufgrund heiliger Furcht – nicht Bedrohungsfurcht, sondern heiligen Schauders.
Äußere Gebärden sind Verleiblichungen meiner Liebe und Verehrung, meiner Ehrfurcht, meines Glaubens. Bastle ich mir aber einen Gott nach kleingeistigen menschlichen Ideen, dann nötigt mir dieses Zerrbild keinen heiligen Respekt mehr ab.

Gott, löse mich aus meinen selbstgefertigten Gottesbildern. Amen.

20. Februar

Sehr verstört ist meine Seele. Du aber, DU, bis wann noch? Kehre wieder, DU, entschnüre meine Seele! (Ps 6, 4.5; DS)

Gott um Hilfe bitten, immer wieder, und scheinbar immer wieder vergeblich – es passiert nichts. Oder doch? Etwas, das wir nicht sofort bemerken? Eines ist gewiß: Gott ist nicht taub, befreit uns an Leib und Seele, löst die Fesseln, meist nicht spektakulär, sondern unauffällig – es entwickelt sich wie auch immer zum Guten hin.
Wer unentwegt schaut, ob Gott für Besserung sorgt, nimmt das womöglich nicht gleich wahr – das Wachsen einer Pflanze ist kaum zu sehen beim dauernden Betrachten. Ein Blick nach längerer Zeit aber zeigt mehr.

Gott, laß mich an dir nicht verzweifeln. Amen.

21. Februar

Wach auf, du mein Gott! Die Bosheit der Frevler finde ein Ende. (Ps 7, 7.10; EÜ)

Ein verständlicher Wunsch: Das Böse in der Welt, Haß, Morden und Krieg sollen aufhören. Und doch ein frommer Wunsch: Solange sich die Erde dreht, wird das Böse mitmischen, werden Unkraut und Weizen gleichzeitig wachsen, werde auch ich immer wieder zum Unkraut zählen.
Der Mensch ist und bleibt frei für das Schlechte. Doch kein Grund zu Resignation: Ich habe im Alltag genug kleine und größere Möglichkeiten, dem Bösen in mir und dem zerstörerischen Wirken anderer Menschen entgegenzuwirken.

Gott, stärke mich im Kampf gegen die dunklen Mächte. Amen.

22. Februar

Wenn ich ansehe deinen Himmel, das Werk deiner Finger, Mond und Sterne, die du hast gefestet, was ist das Menschlein, daß du sein gedenkst? Ließest ihm ein Geringes nur mangeln, göttlich zu sein, kröntest ihn mit Ehre und Glanz. (Ps 8, 5.6; DS)

Was ist der Mensch? Uralte Menschheitsfrage – viele Antworten, doch letztlich offene Frage. Ich kann den Blick zu den Sternen richten und zurück zur Erde und dann die Frage verlängern: Was ist der Mensch – daß Gott an ihn denkt?
Dadurch finde ich zwar auch keine endgültige Antwort – aber ich erkenne Entscheidendes: Es gibt so Großartiges im Weltall, und Gott hängt sein Herz ausgerechnet an diesen Winzling Mensch – weil er ihn nach seinem Bild geschaffen, ihn hoch erhoben hat. Was bin ich? Bedeutsam!

Gott, ich danke dir für meine Würde. Amen.

23. Februar

Die Armen sind nur scheinbar vergessen, ihre Hoffnung ist nicht für immer dahin. Greif ein, Herr! Laß nicht zu, daß ein Mensch dir die Stirn bietet! (Ps 9, 19.20; GN)

Manchmal hat es den Anschein, als sei die Welt gottverlassen, als liefe ein schicksalhafter Prozeß ab: ein rätselhafter, leidvoller Prozeß – ein Prozeß, in dem brutale Egoisten Oberhand gewinnen – ein Prozeß, der mich und die Welt aufreibt.
Trotz allen Augenscheins, trotz allen Nicht-verstehen-Könnens: Gott ist am Werk, verborgen, Gott lenkt, trägt, befreit und führt zur Vollendung. Der letzte Grund der Welt und meines eigenen Lebens ist eine unendliche Liebe.

Gott, ich freue mich, daß kein blindes Schicksal die Welt regiert, sondern deine Liebe sie trägt. Amen.

24. Februar

Warum, Herr, stehst du ferne, verbirgst dich zu den Zeiten der Not? (Ps 10, 1; ZB)

Wo ist Gott, wenn Menschen zerstörerisch handeln – mehr noch: Wo ist Gott bei unverschuldetem Leid, bei Krebs, Naturkatastrophen? Steht er wie ein unbeteiligter, kaltherziger Betrachter fernab? Also: Wo ist Gott? Warum läßt er das zu?
Der Glaube weiß: Gott ist seiner Welt immer nah, wirkt in allem, sein Herz der Liebe schlägt unentwegt. Und warum das Leid? Frage ohne Antwort – doch gerade in Jesus, dem Gott-mit-uns, wird die Richtung erkennbar, wo eine Antwort liegen könnte: Gott kämpft gegen das Dunkel der Welt – bis ans Kreuz.

Gott, laß mich an dir nicht irre werden. Amen.

25. Februar

Beim Herrn finde ich Zuflucht. Wie könnt ihr mir sagen: „In die Berge flieh wie ein Vogel"? Schon spannen die Frevler den Bogen, sie legen den Pfeil auf die Sehne, um aus dem Dunkel zu treffen die Menschen mit redlichem Herzen. (Ps 11, 1–2; EÜ)

Mitten in der Bedrängnis: Keine Resignation, kein verzweifeltes Aufgeben, auch keine Flucht in Alkohol, Drogen oder in Lehren, die einem das Blaue vom Himmel predigen – sondern ganz nüchtern, ganz stark das eigene Ich, das eigene Vertrauen zum Ausdruck bringen – was andere gutgemeint, aber wenig hilfreich vorschlagen, interessiert nicht, prallt ab – es interessiert nur dies: Ich baue auf Gott. Und stehe die Situation mit ihm siegreich durch.

Gott, ich danke dir, daß keine Bedrängnis aussichtlos ist. Amen.

26. Februar

Hilf, HERR! Die Heiligen haben abgenommen, und gläubig sind wenige unter den Menschenkindern. (Ps 12, 2; LB)

Nichts Neues: Das Klagen der angeblich Gottesfürchtigen über ein gottabgewandtes Zeitalter. Solch ein Jammern verschafft zwar Luft, hilft aber nicht weiter, ist auch heuchlerisch und überheblich. Sind wir wirklich besser als die anderen? Wieviel an Mißachtung Gottes und der Menschen steckt in uns selbst?
Werden wir so nicht anderen zum Stein des Anstoßes, zur Ursache ihrer Gottesabwendung? Notwendig: das tägliche Bemühen, aus der eigenen Gottesferne näher zu Gott zu finden und dadurch näher auch zu den Menschen.

Gott, laß mich selbst heiliger werden, erlöster aussehen, statt dauernd über unheilige Zustände zu jammern. Amen.

27. Februar

HERR, wie lange willst du mich so ganz vergessen? Wie lange soll ich sorgen in meiner Seele und mich ängsten in meinem Herzen täglich? Ich aber traue darauf, daß du so gnädig bist; mein Herz freut sich, daß du so gerne hilfst. Ich will dem HERRN singen, daß er so wohl an mir tut. (Ps 13, 2.3.6, LB)

Mit Gott nicht klarkommen, sich beschweren, ungeduldig werden, manchmal sogar an Gott verzweifeln – das bleibt keinem erspart. Wie lange soll mein Elend denn noch dauern?
Entscheidend ist, daß wir uns durch solche bitteren Anklagen nicht von Gott abwenden, sondern bei ihm bleiben in dem tiefen Vertrauen: Gott führt auf seine Weise alles zu einem guten Ende.

Gott, stärke mein Vertrauen. Amen.

28. Februar

Ach daß die Hilfe aus Zion über Israel käme und der HERR sein gefangenes Volk erlöste! So würde Jakob fröhlich sein und Israel sich freuen. (Ps 14, 7; LB)

Wir kriegen sie nicht aus uns raus – die Sehnsucht nach Erlösung, nach vollkommener Befreiung des Menschen und der Welt. Und angesichts von Gewalt, Haß, Krankheit und Tod ist diese Sehnsucht nur allzu verständlich. Sie läuft auch nicht ins Leere: Der Messias, der wiederkommende Christus, wird die Vollendung bringen.
Doch sollte uns diese Sehnsucht nicht davon abhalten, sondern im Gegenteil dazu antreiben, in dieser vergehenden Welt schon hinzuarbeiten auf jene vollkommene Befreiung, die Gottes Sache ist.

Gott, laß meine Sehnsucht fruchtbar werden für die Welt. Amen.

29. Februar

HERR, wer darf weilen in deinem Zelt? Wer darf wohnen auf deinem heiligen Berge? Wer untadelig lebt und tut, was recht ist, und die Wahrheit redet von Herzen, wer mit seiner Zunge nicht verleumdet, wer seinem Nächsten nichts Arges tut und seinen Nachbarn nicht schmäht. (Ps 15, 1–3; LB)

Nur einen makellosen Menschen akzeptiert Gott? Ich bin ja nie perfekt! Doch es gilt zu unterscheiden: Gott akzeptiert zwar nicht die Sünde, wohl aber akzeptiert er, liebt er den Menschen trotz seiner Sünde. Ich fehlerhafter Mensch bin aufgerufen, umzukehren, mir von Gott vergeben zu lassen, die Liebe neu zu leben – so kann Gott auch mein Handeln akzeptieren.
Selbst wenn ich unvollkommen bin – entscheidend ist: Ich bemühe mich um gottgefälliges Handeln, und ich bin als Mensch trotz meiner Mängel von Gott akzeptiert.

Gott, ich freue mich, daß du mich liebst und will diese Liebe durch mein Leben beantworten. Amen.

1. März

Behüte mich Gott, denn ich vertraue dir. Ich sage zum Herrn: „Du bist mein Herr; mein ganzes Glück bist du allein." Du zeigst mir den Pfad zum Leben. Vor deinem Angesicht herrscht Freude in Fülle, zu deiner Rechten Wonne für alle Zeit. (Ps 16, 1–2.11; EÜ)

Gesundheit, Liebe, Freundschaft, Arbeit, Nahrung, Kleidung, Urlaub – alles notwendig und wichtig. Aber das einzig wirklich Notwendige, das Allerwichtigste: meine Beziehung zu Gott.
Auf ihn schauen, immer wieder, Freude haben an seiner Größe, seiner Liebe, mich zu ihm halten, mir seine Nähe tröstlich bewußt werden, über sein Wort nachdenken, in ihm volles Leben finden.

Gott, hilf mir, dem einen Notwendigen den gebührenden Platz einzuräumen. Amen.

2. März

Beweise deine wunderbare Güte, du Heiland derer, die dir vertrauen. Behüte mich wie einen Augapfel im Auge, beschirme mich unter dem Schatten deiner Flügel. Ich aber will schauen dein Antlitz in Gerechtigkeit, ich will satt werden, wenn ich erwache, an deinem Bilde. (Ps 17, 7.8.15; LB)

Gott ist mein Heiland – er verbürgt mir, daß ich meiner Begrenztheit, Verwundetheit und Unvollkommenheit zum Trotz ein Angeld des umfassenden Heils erhalte – jetzt und hier schon Rettung finde, Befreiung, Frieden, Behütetsein; etwas spüre von Unendlichkeit, Unversehrtheit, Ganzheit – ein Etwas, das für mich einmal zum Alles werden soll, zur vollkommenen Sättigung meines Hungers nach Heil – in Gott.

Gott, ich preise dich als meinen Befreier. Amen.

3. März

Herzlich lieb habe ich dich, HERR, meine Stärke! HERR, mein Fels, meine Burg, mein Erretter; mein Gott, mein Hort, auf den ich traue, mein Schild und Berg meines Heiles und mein Schutz! (Ps 18, 2; LB)

Bildersprache als stammelnder Versuch, sich ein wenig an das unbegreifbare Wesen Gottes heranzutasten – niemals ausreichend, doch der Ansatz, die Richtung stimmt, und aussagekräftig, beeindruckend sind die Bilder allemal:
Gott ist wie ein zerklüftetes Felsmassiv, in dem ich Zuflucht vor Bedrängnissen finden kann – Gott ist wie ein Schutzschild, an dem Feuerpfeile abprallen – Gott ist wie eine Burg mit starken Mauern, in der ich geborgen bin, aus der hinaus ich den Angreifern entgegenschmettere: „Ihr könnt mir letztlich nichts anhaben!"

Gott, gib mir durch die Kraft der Bilder einen klareren, tieferen Blick auf dich und dein Wirken für mich. Amen.

4. März

Die Himmel rühmen die Herrlichkeit Gottes, vom Werk seiner Hände kündet das Firmament. Die Weisung des Herrn ist vollkommen, sie erquickt den Menschen. (Ps 19, 2.8; EÜ)

Der vollkommen Gute hat eine gute Schöpfung gezeugt. Er hat den Menschen erschaffen, zum Guten fähig. Er hat ihm die Erde anvertraut und ihm gute Weisungen gegeben. In all dem leuchtet Gottes Güte und Herrlichkeit auf. Doch wie wenig sehen wir in den Abläufen und Schönheiten der Natur ein Gotteslob!
Wie wenig erkennen wir die Schönheit und Lebenskraft der Weisungen Gottes, wie verantwortungslos gehen wir mit Menschen und Schöpfung um und verhindern, daß Gottes Herrlichkeit ungetrübt aufleuchten kann!

Gott, laß mich dein Lob in der Schöpfung wahrnehmen und fördern. Amen.

5. März

Manche schwören auf gepanzerte Wagen, andere verlassen sich auf Pferde; doch wir vertrauen auf den Herrn, unseren Gott! Sie alle sinken in die Knie und fallen hin, wir aber stehen und halten stand. (Ps 20, 8–9; GN)

Wer nur auf eigene Kraft baut, kann zwar einiges erreichen, aber menschliche Kraft ist und bleibt schwache Kraft, und auf dem Erreichten liegen die Schatten von Zerbrechlichkeit, Unsicherheit, oft auch von Zerstörung und Krieg.
Je mehr wir Gott vertrauen, seine Kraft in unserer Schwachheit wirken lassen, desto stärker werden wir, desto mehr schwinden die Schatten, desto Besseres und Dauernderes erlangen wir: inneren Frieden, Stärke zum Guten, Mut zum Durchhalten – und diese Kraft trägt uns in ein ewiges Glück.

Gott, ich baue auf deine Kraft. Amen.

6. März

HERR, der König freut sich in deiner Kraft, und wie sehr fröhlich ist er über deine Hilfe! Denn du überschüttest ihn mit gutem Segen, du setzest eine goldene Krone auf sein Haupt. Er hat große Herrlichkeit durch deine Hilfe, Pracht und Hoheit legst du auf ihn. Denn der König hofft auf den HERRN und wird durch die Güte des Höchsten fest bleiben. (Ps 21, 2.4.6.8; LB)

Wir sind zu königlichen Menschen berufen – zu Würde, Freiheit, Macht, Dienst, Sieg. Unsere Würde als Ebenbild Gottes. Niemandem untertan, nur von Gott abhängig, ihm verantwortlich. Kein sklavisches Gebundensein an Menschen, Konsum, zerstörerische Kräfte, sondern Unabhängigkeit, freier Umgang, freie Entscheidung und durch Gottes Hilfe die Macht, über die Anläufe des Bösen zu siegen. Befreiung aus schuldhafter Verstrickung, Freiheit zum Dienst der Liebe und dann jedem untertan. Sieg selbst im Verlust des irdischen Lebens.

Gott, ich danke dir für meine königliche Krone und will mich in stolzem Bewußtsein ihrer würdig erweisen. Amen.

7. März

Mein Gott, mein Gott, warum hast du mich verlassen, bist fern meinem Schreien, den Worten meiner Klage? Mein Gott, ich rufe bei Tag, doch du gibst keine Antwort; ich rufe bei Nacht und finde doch keine Ruhe. Aber du bist heilig, du thronst über den Lobgesängen Israels. Dir haben unsere Väter vertraut, sie haben vertraut, und du hast sie gerettet. (Ps 22, 2–5; EÜ)

Um mich herum, in mir Dunkel – ich rufe zu Gott um Hilfe – und höre, sehe, fühle nichts von ihm – Gott scheint uninteressiert oder hilflos zu schweigen, weit weg zu sein! Und doch weiß ich ganz tief: Gott ist da, nah und liebevoll und rettend da – er hört mich, hilft mir, kann auf mein Gebet gar nicht schweigen!
Was wie Schweigen aussieht, wie ein Fernsein Gottes, ist in Wirklichkeit etwas ganz anderes: nämlich Nähe und heilvolles Wirken Gottes, nur eben leise und oft unmerklich, unerkannt, anders als gedacht.

Gott, gib mir Mut, mich auch dann auf dich zu verlassen, wenn ich mich von dir verlassen fühle. Amen.

8. März

Du bist bei mir. (Ps 23, 4; EÜ)

Ein knapper Satz, vier kurze Wörter – und doch: welch ungeheuere Kraft, welch riesiger Trost steckt in diesem Satz! Leuchtschrift in dunklen Tagen, in hellen Tagen am blauen Himmel geschrieben: DU BIST BEI MIR! Gott ist bei mir, unaufdringlich, in Leid und in Freud. Gott trägt mich, nährt mich, schützt mich, ist zärtlich um mich besorgt, holt mich von Abwegen zurück, läßt mich stark werden in Stürmen.
Und wenn ich falle – ich falle nie tiefer als in Gottes Hände. Treue Wegbegleitung, Tag für Tag, heute.

Gott, ich freue mich über deine tröstliche Nähe. Amen.

9. März

Die Erde ist des HERRN und was darinnen ist, der Erdkreis und die darauf wohnen. Machet die Tore weit und die Türen in der Welt hoch, daß der König der Ehre einziehe! (Ps 24, 1.7; LB)

Gott hat die Welt ins Dasein gerufen, Sterne, Pflanzen, Tiere und der Mensch sind das Werk seines Geistes, seiner unbändigen Lebenskraft, seiner Schöpfermacht. Doch ist Gottes Liebesmacht auch noch so groß – er zwingt sich uns nicht auf, er überrumpelt uns nicht. Frei dürfen wir uns entscheiden, ob wir ihm in unserem Herzen Platz einräumen wollen.
Und wenn wir dazu bereit sind, sollten wir ihm und seinem Wort die Türen so weit wie möglich öffnen – um volles, erfülltes Leben zu finden.

Gott, ich danke dir, daß du meine Freiheit respektierst. Amen.

10. März

Wie steht es mit dem, der den Herrn ernst nimmt? Der Herr zeigt ihm den Weg, den er gehen soll. Wer den Herrn ernst nimmt, den zieht er ins Vertrauen und enthüllt ihm das Geheimnis seines Bundes. (Ps 25, 12.14; GN)

Wenn ich mich aus ganzem Herzen auf Gott einlasse, mich ihm öffne, auf ihn höre, dann schenkt er mir seine Freundschaft – nicht in der Art plumpen Vertrauens, sondern: Ich erfahre Gottes Zuverlässigkeit, seinen Beistand und Trost, seine Aufmunterung. Ich erfahre aus seinem Wort, wie mein Lebensweg gelingen kann, welches Ziel voraus liegt.
Ich erfahre und spüre an Leib und Seele etwas vom Bund zwischen Gott und Menschen, von Treue und Zusammengehörigkeit. Und ich darf angstfrei und mit allem zu Gott kommen.

Gott, laß mich die beglückende Freundschaft mit dir nicht behindern. Amen.

11. März

Ich wasche meine Hände in Unschuld und umwandle deinen Altar. Herr, ich habe lieb die Stätte deines Hauses und den Ort, da deine Herrlichkeit wohnt. Raffe meine Seele nicht hin mit den Sündern, nicht mein Leben mit Blutbefleckten, an deren Händen Schandtat klebt und deren Rechte voll Bestechung ist. Ich aber wandle unsträflich. (Ps 26, 6.8–10.11; ZB)

Gegen den Trend schwimmen – auch dort, wo Gewalt und Korruption um sich greifen. Es ist schwer, da nicht mitzumachen, gewaltlos und ehrlich zu bleiben, sich mit aller Entschiedenheit zu Gott zu halten, den Orten der Bösartigkeit und krummen Touren jenen Ort vorzuziehen, wo Gottes Wahrheit verkündet und besungen wird, und zu versuchen, mit Gott im Rücken die Gesellschaft zu verändern. Doch es ist eine lohnende und befriedigende Aufgabe.

Gott, gib mir Kraft zur Reinheit. Amen.

12. März

Der Herr ist mein Licht und mein Heil, vor wem sollte ich mich fürchten? Der Herr ist meines Lebens Kraft, vor wem sollte mir grauen? Wenn sich auch ein Heer wider mich lagert, so fürchtet sich dennoch mein Herz nicht; wenn sich Krieg wider mich erhebt, so verlasse ich mich auf ihn. (Ps 27, 1.3; LB)

Natürlich haben wir Furcht und Schrecken – der Glaube an Gott ist keine Wunderwaffe gegen das Grauen – und wer behauptet, mit Gott angstfrei auf einer Insel der Seligen zu leben, der macht sich und anderen etwas vor. Natürlich gibt es vieles, was uns von außen bedrängt, was uns innerlich zerreißt. Entscheidend aber ist: Mitten in Bedrängnis und Zerreißproben finden sich Spuren der Befreiung, mitten im Dunkel gibt es göttliches Licht. Und deshalb brauchen wir uns bei aller Furcht letztlich doch nicht zu fürchten.

Gott, ich vertraue darauf, daß dein Licht alle dunklen Wolken durchbricht. Amen.

13. März

Zu dir rufe ich, DU, mein Fels! Zieh mich nimmer hinweg mit den Frevlern, mit den Argwirkenden, die Frieden reden mit ihren Genossen und Böses ist in ihrem Herzen! (Ps 28, 1.3; DS)

Auch bei mir oft Heuchelei – mangelnde Übereinstimmung zwischen innerer Einstellung und äußerem Gehabe. Doch meine Freundlichkeit muß echt sein. Wenn ich zornig auf jemanden bin, sollte ich keine Freundlichkeit vortäuschen, sondern den Zorn deutlich fühlen, äußern, ihn erst verfliegen lassen. Dann kann ehrliche Freundlichkeit entstehen. Heilig soll ich sein, nicht scheinheilig.
Unabhängig davon sollte mein Zorn mich nie abhalten, dem anderen Gutes zu tun – Nächstenliebe darf sich nie binden an Gefühle, an Abneigung oder Zuneigung. Ich verdränge den Zorn nicht, doch lasse mich auch nicht durch ihn beherrschen.

Gott, hilf mir zur Aufrichtigkeit, zum sinnvollen Umgang mit Empfindungen. Amen.

14. März

Werft euch nieder vor dem Herrn in heiligem Schmuck! Die Stimme des Herrn erschallt über den Wassern, der Gott der Herrlichkeit donnert. Die Stimme des Herrn sprüht flammendes Feuer. Die Stimme des Herrn wirbelt Eichen empor, sie reißt ganze Wälder kahl. O herrlicher Gott! (Ps 29, 2.3.7.9; EÜ)

Welch harmlos-armseliger lieber Gott geistert oft in unseren Vorstellungen herum – ein gutmütiger alter Vater, der irgendwo überm Sternenzelt wohnt und den wir nach Belieben und je nach Bedürfnis für uns in Anspruch nehmen.
Da ist es ein heilsames, reinigendes Gewitter, wenn wir von Gott hören, daß er wie ein Gewitter ist, Gewitterkraft hat – unendliche Macht, Herrlichkeit und Heiligkeit – kein Grund zum panischen Entsetzen, sondern zur Ehrfurcht, und aller Anbetung wert.

Gott, dir gebührt meine tiefe Verehrung. Amen.

15. März

Sein Zorn währet einen Augenblick und lebenslang seine Gnade. Den Abend lang währet das Weinen, aber des Morgens ist Freude. (Ps 30, 6; LB)

Gottes Zorn – nicht zu verleugnen, aber auch nicht menschlich zu denken. Und vor allem nicht überzubewerten, weil das Entscheidende Gottes Güte ist – Gott ist Liebe.
Und wenn wir Tränen der Verzweiflung weinen und sie in aller Vorsicht und Fragwürdigkeit in Zusammenhang mit Gottes Zorn bringen, dürfen wir gleichzeitig im Blick auf Gottes Güte wissen, daß schon bald Freude wachsen wird – nicht eine überdrehte, sondern die leise, starke Freude des Vertrauens und der Erfahrung, daß Gott hilft, die Freude eines neuen Anfangs.

Gott, laß mich dankbar erkennen, daß ich von deiner Güte getragen bin, auch wenn Dunkelheiten der Nacht mich noch streifen. Amen.

16. März

Ich aber, Herr, ich vertraue dir, ich sage: „Du bist mein Gott." In deiner Hand liegt mein Geschick. (Ps 31, 15.16; EÜ)

Was aus mir wird, liegt in Gottes Hand. Also kann ich selbst die Hände in den Schoß legen, darauf warten, was passiert? Natürlich nicht, sondern ich habe meine geschenkte Spanne Zeit, mein einmaliges Leben, bewußt und aktiv zu gestalten, erfüllt zu leben.
Ich trage Verantwortung für mein Leben – in Verantwortung vor Gott. Und weiß mich dabei in Gottes Hand geborgen, von ihr gestärkt, zurechtgewiesen, durch sie geleitet hin zum Ziel. So liegt mein Weg in Gottes Hand.

Gott, laß mich in deiner Hand getrost mein Leben meistern. Amen.

17. März

Wohl dem, dessen Frevel vergeben und dessen Sünde bedeckt ist! Solang ich´s verschwieg, waren meine Glieder matt, den ganzen Tag mußte ich stöhnen. (Ps 32, 1.3; EÜ)

Genau hinschauen, ehrlich sein zu mir selbst, klar wahrnehmen, was in mir vorhanden ist an Lieblosigkeiten, an Sünde, was ich mit mir herumschleppe, was mich niederhält und Möglichkeiten eines besseren Lebens verbaut.
Mir und meinem Gott die Schuld offen eingestehen, bereit sein zum Neuanfang, von Gott Vergebung erwarten dürfen. Das ist ein schmerzhafter, aber letztlich heilsamer und befreiender Prozeß.

Gott, laß mich meine dunklen Seiten nicht verdrängen. Amen.

18. März

Freuet euch des HERRN, ihr Gerechten, die Frommen sollen ihn recht preisen. Unsre Seele harrt auf den HERRN; er ist uns Hilfe und Schild. Denn unser Herz freut sich seiner, und wir trauen auf seinen heiligen Namen. Deine Güte, HERR, sei über uns, wie wir auf dich hoffen. (Ps 33, 1,20–22; LB)

Die Freude an einem schönen Frühlingsmorgen, an menschlicher Zärtlichkeit – so schön sie ist, sie verfliegt rasch wieder.
Doch wir dürfen uns einer Freude öffnen, die tiefer geht, ausfüllender, tragender ist und selbst in Traurigkeiten aufleuchten kann: die Freude an Gott, an seiner liebenden Zuwendung, die uns in jedem, in diesem Augenblick umfängt.

Gott, stärke mein Vertrauen und meine Freude. Amen.

19. März

Der Herr ist gütig! Wie glücklich sind alle, die bei ihm Zuflucht suchen! Wer ihm gehorcht, kennt keine Not. Wer dem Herrn treu bleibt, geht durch viele Nöte, aber aus allen befreit ihn der Herr. (Ps 34, 9.10.20; GN)

Not und doch keine Not? Auch die Gottgläubigen erfahren natürlich an Leib und Seele Not – die gleichzeitige überspitzte Formulierung, daß sie nie Mangel haben, will sagen: Rettung ist nicht nur möglich, sondern gewiß. Gott erlöst, Gott stärkt mich, gibt mir Kraft, daß ich mir selbst helfe.
Was immer mir an Leidvollem passiert, passieren wird – ich brauche nicht zu verzweifeln, sondern kann getrost nach vorne schauen: Da ist ein heller Tag.

Gott, ich danke dir für die stets offenen Türen. Amen.

20. März

Streite, Herr, gegen alle, die gegen mich streiten. Sie vergelten mir Gutes mit Bösem; ich bin verlassen und einsam. Ich aber zog ein Bußkleid an, als sie erkrankten, und quälte mich ab mit Fasten. Als wäre es ein Freund oder Bruder, so ging ich betrübt umher. Doch als ich stürzte, lachten sie. (Ps 35, 1.12.13.14.15; EÜ)

Undank ist der Welten Lohn. Verständlich die Bitte, daß die Undankbaren in ihre Grenzen gewiesen werden.
Entscheidender aber als solche Bitte: daß ich mich in meinem guten Tun nicht abhängig mache von Dank oder Undank der anderen – ich muß mir selbst, meinem Willen zum Guten, treu bleiben, auch wenn ich dafür spontan oder später keine Freundlichkeit ernte – Vertrauen in die eigene Überzeugung, die eigene Kraft und darauf, daß sie sich letztlich gegen alle Widerstände doch durchsetzen wird.

Gott, laß mich im Guten fest bleiben. Amen.

21. März

Bei dir ist die Quelle des Lebens, und in deinem Lichte sehen wir das Licht. (Ps 36, 10; LB)

Wasser und Licht! Gott ist die Quelle des Lebenswassers, ohne ihn würden wir innerlich verdursten, durch ihn erhalten wir frisches, unverbrauchtes, erfülltes Leben, ewiges Leben; die Kraft dieses Wassers reinigt und heilt uns von belastenden Düsterkeiten, läßt uns fruchtbar werden.
Gott ist die strahlende Sonne der Liebe, in deren wärmendem Licht wir uns entfalten können, unter der wir aufblühen, in deren hellem Schein wir unsere Zukunft trotz aller Undurchschaubarkeit als eine segensreiche Zukunft wahrnehmen.

Gott, ich freue mich, daß ich durch deine Güte Erfüllung finden darf. Amen.

22. März

Leg dein Schicksal in Gottes Hand; verlaß dich auf ihn, er macht es richtig! Dein Recht läßt er strahlen wie die Morgensonne. Werde ruhig vor dem Herrn, erwarte gelassen sein Tun! (Ps 37, 5.6.7; GN)

Gelassener vorwärts gehen – nicht den Kopf in den Sand stecken, nicht schicksalsergeben zusammensinken, auch nicht wie ein aufgescheuchter Vogel herumflattern, sondern tief und ruhig durchatmen, das, was anliegt, tatkräftig tun in der festen Hoffnung, daß Gott mit mir ist, zum Guten mit mir ist – ich darf ihm und meinem Sein und Werden gefaßt vertrauen.

Gott, gib mir mehr Gelassenheit. Amen.

23. März

Meine Verfehlungen überlagern mein Haupt, gleich einer schweren Last, allzu schwer sind sie mir geworden. Stinkig, faulig sind meine Beulen von meiner Torheit her, verkrümmt, geduckt bin ich gar sehr, düsterfarben gehe ich all den Tag. Ich melde meine Verfehlung, um meine Sünde sorge ich mich. Eile zu meiner Hilfe, mein Herr, meine Befreiung! (Ps 38, 5–7.23; DS)

Unzufriedenheit mit mir selbst – bedrückt erkennen: Bei mir läuft was verkehrt, ich handle gegen Gott und Menschen, auch gegen mich – so geht es nicht weiter! Dann aber nicht in der Unzufriedenheit verharren und griesgrämig werden, sondern aktiv werden, auf Gott schauen.
Ihm eingestehen, daß ich Schuld auf mich geladen habe, um Vergebung bitten und mit neuem Mut neue Wege beschreiten.

Gott, befreie mich zu neuen Anfängen. Amen.

24. März

HERR, lehre mich doch, daß es ein Ende mit mir haben muß und mein Leben ein Ziel hat und ich davon muß. Siehe, meine Tage sind wie eine Handbreit bei dir, und mein Leben ist wie nichts vor dir. Wie gar nichts sind alle Menschen, die doch so sicher leben! Sie gehen dahin wie ein Schatten und machen sich viel vergebliche Unruhe. (Ps 39, 5–6.7; LB)

Mein Leben wie eine Handbreit vor Gott – und nicht länger als eine Hand – kurze Lebenszeit, nicht zu verlängern, zu verbreitern.
Doch eines kann ich: Die kurze Lebenzeit vertiefen – und das geht nur mit Blick vom Ende, vom Ziel her, unter dem Gesichtspunkt der Ewigkeit – von wo aus ich lernen kann, Wichtiges und Unwichtiges zu unterscheiden, gelassener zu sein, in allen Fröhlichkeiten und Traurigkeiten voll im Augenblick zu leben und zu vertrauen, daß Gott mich trägt bis eben zum Ende hin und darüber hinaus.

Gott, laß mich den richtigen Blickwinkel finden. Amen.

25. März

Siehe, ich will mir meinen Mund nicht stopfen lassen; HERR, das weißt du. Deine Gerechtigkeit verberge ich nicht in meinem Herzen; von deiner Wahrheit und von deinem Heil rede ich. (Ps 40, 10.11; LB)

Du kannst belächelt, verspottet, für naiv gehalten werden, weil du deinen Glauben an Gott nicht verschweigst. Doch es geht weniger um die Meinung anderer von dir, als vielmehr um deine eigene Meinung.
So, wie andere ihre Einstellung haben und sie dir zu erkennen geben, so hast du das Recht, unaufdringlich, aber deutlich und selbstbewußt über deinen Glauben zu reden. Du mußt es auch tun – wenn du wirklich davon erfüllt bist. Und es macht dich unverwechselbar.

Gott, laß mich zu meinem Glauben stehen. Amen.

26. März

Auf dem Krankenbett wird der Herr ihn stärken; seine Krankheit verwandelst du in Kraft. (Ps 41, 4; EÜ)

Sehr schwer: Ja zu sagen zu den Lasten des Lebens. Wer es schafft, sie als Teil seines Lebens zu verstehen, sie anzupacken, vernünftig mit ihnen umzugehen, dem können sie Kraftquelle werden – Möglichkeit, innerlich zu wachsen, zu reifen, geduldiger, verständnisvoller mit sich selbst und anderen Menschen zu sein, manches, was einem bislang wichtig erschien, für gar nicht mehr so wichtig zu halten und neue Schwerpunkte zu setzen, Gottvertrauen zu lernen.

Gott, hilf mir, meine Belastungen als Chance zu sehen. Amen.

27. März

Bei vielem Reden bleibt die Sünde nicht aus, wer seine Lippen zügelt, ist klug. (Spr 10, 19; EÜ)

Das muß nicht heißen, daß derjenige, der einfach drauflos plappert, der seine Worte nicht im Zaum hält und ununterbrochen redet, gleichzeitig Lügen verbreitet. Die Sünde, die Lieblosigkeit, kann auch gerade darin bestehen, daß ich die Zuhörer überfordere, ihnen auf die Nerven gehe, sie langweile.
Darum: Zurückhaltung beim Reden – darauf achten, ob es gerade jetzt der richtige Zeitpunkt für dieses Wort ist – sich nicht in oberflächlichen Sätzen verlieren – und ansonsten lieber schweigen.

Gott, laß mich mit meinen Worten haushalten. Amen.

28. März

Ein Dummkopf hält alles, was er tut, für klug; der Kluge hört auf klugen Rat. (Spr 12, 15; GN)

Ein Wort gegen meine Selbstüberheblichkeit – gegen meine Auffassung, alles besser zu wissen, alles richtig zu machen. Ich marschiere einfach drauflos und lasse mir von niemandem etwas sagen, etwas raten, ich mache schon nichts falsch!
Und was passiert? Ich laufe zu meinem und anderer Menschen Schaden in die Irre. Kein Mensch ist unfehlbar, keiner kann von sich aus alles richtig machen, jeder muß auf gute Ratschläge seiner Mitmenschen, auf alte Weisheiten hören – auch wenn´s oft nicht leicht fällt.

Gott, bewahre mich vor dummer, krankhafter Selbstüberzeugung. Amen.

29. März

Befiehl dem Herrn deine Werke, so werden deine Pläne gelingen. (Spr 16, 3; ZB)

Vertrau auf Gott, vertrau deine Wege und dein Tun Gott an, der alles zum guten Ziel führt. Aber „Befehlen", daraus können wir auch lesen: Gebiete es ihm! Etwas weniger hart ausgedrückt: Erinnere Gott immer wieder nachdrücklich an sein Versprechen, dir zu helfen!
Du brauchst als Tochter und Sohn Gottes nicht unterwürfig zu bitten oder verzagt zu flehen – du kannst deinen Gott klipp und klar und selbstbewußt an seine Zusagen erinnern, ihn auf sein eigenes Wort festlegen! Und darfst vertrauen, daß er dir hilft.

Gott, hilf mir, daß mein Werk gelingt. Amen.

30. März

Fröhlichkeit ist gut für die Gesundheit, Mutlosigkeit raubt einem die letzte Kraft. (Spr 17, 22; GN)

Daß eine körperliche Krankheit auf´s Gemüt schlagen kann, ist eine Binsenweisheit. Genauso ist es umgekehrt: Seelisches Unbehagen, Ärger, Streß, Traurigkeit, kann auf den Magen schlagen, auf die Leber oder an die Nieren gehen.
Gott will, daß wir ein ausgewogenes Leben führen – ein guter Mut durch unser Verankert-Sein in Gott hilft dem Körper, gesund zu bleiben – und umgekehrt trägt ein gesunder Körper dazu bei, daß wir geistig-seelisch fit bleiben.

Gott, laß mich weder meinen Körper noch meinen Geist vernachlässigen. Amen.

31. März

Wer seinen Mund und seine Zunge hütet, hütet vor Bedrängnissen seine Seele. (Spr 21, 23; DS)

Ich muß mich selbst schützen – ich kann nicht dauernd meine intimsten Dinge anderen mitteilen. Diese Redseligkeit liegt gerade dann nahe, wenn ich leide und das Leiden nach außen bringen möchte – da muß ich sehr genau schauen, welchem Menschen ich etwas sage und was ich ihm sage.
Denn zu leicht gerate ich an Leute, die mein Leiden für ihr eigenes Wohlbefinden ausnutzen, die mich vielleicht sogar noch mehr in die Bedrängnis bringen. Ich muß also lernen, mich ab einer bestimmten Grenze bedeckt zu halten.

Gott, bewahre mich vor zuviel Redseligkeit hinsichtlich meiner Person. Amen.

1. April

Hungert deinen Feind, so speise ihn mit Brot, dürstet ihn, so tränke ihn mit Wasser, denn du wirst feurige Kohlen auf sein Haupt häufen. (Spr 25, 21.22; LB)

Dem Übeltäter mit Gutem zu antworten, dafür gibt es mehrere Gründe. Im Wissen um eigene Fehler und die mir geschenkte vergebende göttliche Liebe bin ich nachsichtig mit ihm, helfe ihm konkret-liebend aus Bedrängnis – trotz meiner vorhandenen, nicht unterdrückten Abneigung. Vielleicht wächst ja sogar Zuneigung – insbesondere auch, wenn ich hinter allem Dunklen Helles in ihm sehe, seine unverlierbare Würde, und ihn deshalb gut behandle.
Und ich kann ihm Gutes tun, um den Teufelskreis des Bösen zu sprengen – Böses mit Bösem zu beantworten, ruft wieder Böses hervor; Gutes aber kann den anderen zur Umkehr bewegen.

Gott, stärke mich gerade da zu konstruktiver Liebe, wo Bösartigkeiten anderer mir ein liebevolles Reagieren nicht leicht machen. Amen.

2. April

Liebe, die offen tadelt, ist besser als eine, die ängstlich schweigt. (Spr 27, 6; GN)

Manche verwechseln Liebe mit kriecherischer Höflichkeit, mit Stillschweigen, um den anderen nur nicht aufzuregen – aber denken dabei wohl eher an sich selbst – nämlich: daß sie, wenn sie ein klares Wort äußern, anecken könnten. Solch ein Geflecht aus Ängstlichkeit und scheinheiliger Freundlichkeit hat nichts mit Liebe zu tun – Liebe sagt klar und deutlich, was zu sagen ist, was einem nicht behagt – ohne ausfallend zu werden, in allem Respekt.
Auch wenn sich letztlich herausstellen sollte, daß das von mir an sich gutgemeint Gesagte beim anderen Menschen entgegen meinem Bestreben doch nichts Gutes bewirkt.

Gott, laß mich Liebe nicht mit Kriecherei verwechseln. Amen.

3. April

Wer seinen Nachbarn jeden Morgen mit lauten Glückwünschen begrüßt, dem legt man es als Verwünschung aus. (Spr 27, 14; GN)

Eine Warnung vor Überfreundlichkeit, eine Warnung vor Scheinheiligkeit. Ich soll von ganzem Herzen und ganz ehrlich freundlich zu anderen Menschen sein.
Wenn ich es damit aber übertreibe, ihnen ununterbrochen Gutes wünsche und sie nur anlächle, dann deutet das darauf hin, daß alles nur Scheinheiligkeit, nur Maske, falsch ist – hinter der ich meine Wut, meinen Haß auf andere verstecke.

Gott, bring mich zu Aufrichtigkeit in meiner Freundlichkeit. Amen.

4. April

Wer habgierig ist, jagt nach Reichtum und weiß nicht, daß Mangel über ihn kommen wird. (Spr 28, 22; LB)

Wohin bringt die Habgier, die Raffgier, selbst wenn sie zum Erfolg führt? Zu innerer Armut, Leere, zu vielen Sachen, die zutiefst doch nicht befriedigen. Darum: Zum einen bekomme ich viele schöne Dinge des Lebens frei geschenkt – Liebe, Freundschaft, Schönheiten der Natur.
Zum anderen sollte ich in allem, in den erwerbbaren und geschenkten Dingen, maßvoll sein, mich auf das Wesentliche und zugleich Gute konzentrieren, beschränken – in Geldsachen, im Konsum, in Lust und Genuß.

Gott, laß mich in der Beschränkung Erfüllung finden. Amen.

5. April

Wie der Hirsch lechzt nach frischem Wasser, so schreit meine Seele, Gott zu dir. Meine Seele dürstet nach Gott, nach dem lebendigen Gott. Wann werde ich dahin kommen, daß ich Gottes Angesicht schaue? Meine Tränen sind meine Speise Tag und Nacht, weil man täglich zu mir sagt: Wo ist nun dein Gott? (Ps 42, 2–4; LB)

Gott scheint fern von meinem Elend! Doch er hat früher gerettet und wird jetzt retten! Vielleicht aber ist es auch so, daß mein Gott mir gar nicht helfen kann – weil ich ihn nach eigenen Wünschen gebastelt habe, ein hilfloser Götze. Den sollte ich abschreiben, mich nicht nach ihm zurückzusehnen.
Wohl aber sollte mein unausrottbarer Durst nach dem Göttlichen, nach Gnade und Erbarmen auf den hin gehen, der diese Sehnsucht allein wert ist: den wahren, lebendigen Gott – der mich in seiner unergründlichen Liebe retten und vollenden will.

Gott, gib meiner Sehnsucht die vernünftige Richtung und stille meinen Durst. Amen.

6. April

Was betrübst du dich, meine Seele, und bist so unruhig in mir? Harre auf Gott; denn ich werde ihm noch danken, daß er meines Angesichts Hilfe und mein Gott ist. (Ps 43, 5; LB)

Keiner verlangt von uns, daß wir in Trübsal völlige Gelassenheit entwickeln und so tun, als könne uns das nichts anhaben. Natürlich tobt es ins uns und geraten wir aus der Fassung! Aber: Wir sollten die Hoffnung auf Gott nicht wegwerfen!
Daraus können wir Ruhe in Unruhe schöpfen, ein Stück Gelassenheit und Glück in Zerfahrenheit und Unglück erfahren, ein leises Lied des Vertrauens singen – der Hoffnung, die auf Zukunft hin lebt: Gott wird helfen, und ich werde ihn preisen!

Gott, sei meine Ruhe in Unruhe. Amen.

7. April

Das alles ist über uns gekommen, und doch haben wir dich nicht vergessen, uns von deinem Bund nicht treulos abgewandt. Unser Herz ist nicht von dir gewichen, noch hat unser Schritt deinen Pfad verlassen. Doch du hast uns verstoßen an den Ort der Schakale und uns bedeckt mit Finsternis. Wach auf! Warum schläfst du, Herr? (Ps 44, 18–20.24; EÜ)

Da geht es mir schlecht – und ich bleibe trotzdem bei Gott, falle nicht von ihm ab wie manche, die das Leid in der Welt ungläubig macht. Und was passiert? Gott scheint munter eins draufzusetzen, mir geht´s schlechter als vorher! Ist dieser Gott noch ganz gescheit?
Er ist es, ist auch Liebe – aber an solchem Vertrauen muß ich mir genügen lassen, muß mit den Unbegreiflichkeiten leben – ich kriege Gottes Handeln nicht in meinen kleinen Verstand. Wichtig über allem: Gott meint es immer gut mit mir, selbst wenn´s manchmal anders aussieht.

Gott, laß mich mitten im scheinbaren Unsinn auf einen Sinn vertrauen. Amen.

8. April

Einem König will ich es singen: Du bist der Schönste unter den Menschenkindern, voller Huld sind deine Lippen; wahrlich, Gott hat dich gesegnet für ewig. Zieh einher für Wahrheit in Sanftmut und Gerechtigkeit, so wird deine rechte Hand Wunder vollbringen. (Ps 45, 3.5; LB)

Ich von Schwäche und Hinfälligkeit gezeichneter Mensch, doch in der Taufe neugeboren aus Wasser und Heiligem Geist, besitze eine unverlierbare Hoheit und Schönheit: die königliche, priesterliche und prophetische Erhabenheit des Kindes Gottes und seine Anmut – und muß mich dessen würdig erweisen, muß meinen ganzen Charme, meinen ganzen Liebreiz kraftvoll und souverän entfalten im Dienst für die Menschen.

Gott, laß mich immer deutlicher erkennen, was ich bin und was ich tun soll. Amen.

9. April

Seid stille und erkennet, daß ich Gott bin! (Ps 46, 11; LB)

Gebt endlich Ruhe, haltet inne mit eurem gottlosen Tun, eurem zerstörerischen Reden, dem Getöse eurer Panzer und Granaten! Und in dieser Stille öffnet eure Ohren und Herzen ganz weit für das einzig Wichtige: für Gott, für sein leises, gutes, verwandelndes Wort – das Wort von Glaube, Hoffnung und Liebe, von Versöhnung und Frieden, Güte und Barmherzigkeit.
Nehmt es in euch auf, nehmt es an, setzt es in der Welt um, baut auf Gottes Kraft, die überall wirkt, die mit und in euch ist und allein die Welt zu retten vermag!

Gott, mach mich still vor dir. Amen.

10. April

Schlagt froh in die Hände, alle Völker, und jauchzet Gott mit fröhlichem Schall! Denn der HERR, der Allerhöchste, ist heilig, ein großer König über die ganze Erde. (Ps 47, 2–3; LB)

Sich trotz aller menschlichen Aufgeblasenheit, allem Geld-regiert-die-Welt, aller Zerstörung, auch trotz unserer sinnvollen, aber unzureichenden Verbesserungsbemühungen nicht den Blick dafür trüben lassen, daß Gott und Gott allein Schöpfer und Bewahrer der Welt ist, sie lenkt und vollendet.
Beruhigende Gewißheit, tröstliche Vision: Wir sind in guten Händen geborgen und gehen mit der Menschheit, mit der Welt einem allumfassenden Friedensreich entgegen. In unserem Gotteslob steckt schon etwas vom rauschenden Jubel der Ewigkeit.

Gott, ich danke dir, daß du die Welt trägst. Amen.

11. April

Wie wir's gehört hatten, so erlebten wir's jetzt in der Stadt unseres Gottes; Gott läßt sie ewig bestehen. (Ps 48, 9; EÜ)

Wir kennen es in vielfachen Varianten aus der Bibel, aus Erzählungen von Menschen: Gott rettet, Gott bewahrt, Gott schenkt neues Leben. Und nicht allein das: Wir haben ja nicht nur davon gehört, sondern haben selbst das heilende Handeln Gottes immer wieder als Wirklichkeit an uns erfahren.
Wir wissen, wovon wir reden, wenn wir in trostlos erscheinenden Augenblicken darauf vertrauen, daß Gott hilft, daß wir auch jetzt erneut seine Hilfe sehen.

Gott, laß mich ermutigende Kraft aus der Erinnerung an dein liebendes Handeln schöpfen. Amen.

12. April

Auch die Weisen sterben, so wie die Toren und Narren umkommen; sie müssen ihr Gut anderen lassen. Ein Mensch in seiner Herrlichkeit kann nicht bleiben, sondern muß davon wie das Vieh. Aber Gott wird mich erlösen aus des Todes Gewalt; denn er nimmt mich auf. (Ps 49, 11.16; LB)

Eine Binsenweisheit: Materieller Besitz, Bildung, so erfreulich, so bereichernd in vieler Weise es auch sein mag – nichts davon kann ich im Tod mitnehmen.
Ich sollte mir das ganz bewußt vor Augen halten, damit ich immer neu lerne, worauf es im Leben und im Sterben wirklich ankommt: mit Gott verbunden zu sein. Und das eröffnet Perspektiven über den Tod hinaus.

Gott, laß mich Erfüllung bei dir, in dir, durch dich suchen. Amen.

13. April

Zu den Ungehorsamen aber sagt Gott: „Du berufst dich ständig auf meinen Bund und zählst meine Gebote immer wieder auf. Was soll das eigentlich? Du läßt dir ja nichts von mir sagen. Du ziehst über deine Mitmenschen her, sogar den eigenen Bruder verleumdest du. Dank ist die Opfergabe, mit der man mich ehrt, und wer mir gehorcht, der erfährt meine Hilfe." (Ps 50, 16.17.23; GN)

Der Unterschied zwischen Sein und Schein – zwischen wirklichem Fromm-Sein und dem Sich-den-Anschein-Geben, fromm zu sein: zum Gottesdienst gehen aus Gewohnheit oder Rücksichtnahme, Moralisierendes reden und es für christlich halten und ansonsten die Menschen verletzen und Gott vergessen.

Gott, mach mich überzeugter und überzeugender. Amen.

14. April

Gott, sei mir gnädig nach deiner Güte und tilge meine Sünden nach deiner großen Barmherzigkeit. Wasche mich, daß ich schneeweiß werde. Laß mich hören Freude und Wonne. Schaffe in mir, Gott, ein reines Herz, und gib mir einen neuen, beständigen Geist. (Ps 51, 3.4.9.10.12; LB)

Die Erkenntnis, Schuld auf sich geladen zu haben, in bösen Stricken gefangen zu sein, ist bitter. Es ist aber kein Grund, sich in die Situation hineinzufressen und zu verzweifeln. Diese Erkenntnis kann vielmehr zum notwendigen ersten Schritt in Richtung Freiheit hin werden – wenn ich dann vor Gott offenlege, was ich falsch gemacht habe und um Vergebung bitte.
Gott spricht mich frei, macht mich weiß wie Schnee – ich kann in Reinheit neu beginnen: größere Gottesliebe, größere Menschenliebe.

Gott, ich danke dir, daß du mir immer wieder einen Neuanfang schenken willst. Amen

15. April

Was rühmst du dich deiner Bosheit, du Mann der Gewalt? Du liebst das Böse mehr als das Gute und Lüge mehr als wahrhaftige Rede. Darum wird Gott dich verderben für immer. Ich aber bin im Haus Gottes wie ein grünender Ölbaum, auf Gottes Huld vertrauc ich immer und ewig. (Ps 52, 3.5.7.10; EÜ)

Du kannst auf Menschen setzen und verlieren, enttäuscht werden. Du kannst auf Bosheit, Gewalt, Lüge setzen und wirst auf jeden Fall verlieren, innerlich veröden. Du kannst auf Liebe setzen und wirst immer gewinnen, innerlich ausgefüllt sein, andere glücklich machen. Du kannst auf Gott setzen und wirst immer gewinnen: Freude, Zuversicht, Friede, neues Leben sogar im Tod. Und je mehr du in Gott verwurzelt bist, desto mehr wirst du grünen und Frucht bringen, desto weniger können Stürme dir anhaben.

Gott, ich baue auf dich und werde nicht zuschanden. Amen.

16. April

Die Toren sprechen in ihrem Herzen: „Es ist kein Gott." Sie taugen nichts, ihr Freveln ist ein Greuel; da ist keiner, der Gutes tut. Sie sind alle abgefallen und allesamt verdorben. (Ps 53, 2–4; LB),

Ein Klagelied über die böse Welt, die Gottes Existenz leugnet und ins Verderben rennt? Nein, es geht um die Gottabgewandtheit der Gläubigen. Und damit auch um meine eigene kleine böse Welt.
Nicht, daß ich Gottes Existenz vom Verstand her leugne. Ich verleugne sie aber durch mein Leben, wenn ich nicht auf Gottes Weisungen höre, wenn Gottvertrauen und Liebe darin keine Rolle spielen, wenn ich nicht mit Gottes Wirken rechne. Und das ist mein Unverstand.

Gott, rette mich aus meinen Gottlosigkeiten. Amen.

17. April

Hilf mir, Gott, durch deinen Namen und schaffe mir Recht durch deine Kraft. Denn Stolze erheben sich gegen mich, und Gewalttäter trachten mir nach dem Leben. Siehe, Gott steht mir bei, der Herr erhält mein Leben. So will ich dir ein Freudenopfer bringen und deinen Namen, HERR, preisen, daß er so tröstlich ist. Denn du errettest mich aus aller meiner Not. (Ps 54, 3.5.6.8.9; LB)

Ausweglosigkeiten – gibt es nicht! In allen scheinbaren Ausweglosigkeiten bietet Gott uns Möglichkeiten, aufzuerstehen, mobilisiert unsere Phantasie, führt uns ins Freie – in vielfältiger Weise. Denn unser Gott ist kein Gott des Todes, sondern des Lebens, des immer neuen, verheißungsträchtigen Aufbruchs. Gottes Name, sein Wesen ist befreiende Stärke.

Gott, laß mich nie mutlos werden. Amen.

18. April

Furcht und Zittern kommt mich an, und Grauen bedeckt mich. Da sprach ich: O hätte ich Flügel wie die Taube! Wie wollte ich fliegen, bis ich Ruhe fände! Ja, fernhin wollte ich flüchten, wollte herbergen in der Wüste. Ich wollte hineilen, wo ich sicher wäre vor dem Sturmwind, vor dem Wetter. (Ps 55, 7–9; ZB)

Aus einer verfahrenen, nervenzerreißenden, erdrückenden Situation in den Rausch zu fliehen, zieht nur tiefer hinein. Doch es gibt eine Flucht, die keine Flucht im schlechten Sinne ist, ja, eigentlich überhaupt keine Flucht ist. Denn ich bleibe mit klarem Verstand in der Situation, will sie auch bewältigen.
Und dazu erhebe ich mich innerlich, fliege mit den Flügeln von Glaube und Hoffnung in die Weite und Stille der Wüste, zur Gottesbegegnung – spüre seine rettende Nähe, und die Seele wird friedevoller, schöpft Kraft.

Gott, gib mir starke Flügel. Amen.

19. April

Mein Elend ist aufgezeichnet bei dir. Sammle meine Tränen in einem Krug, zeichne sie auf in deinem Buch. Ich vertraue auf Gott und fürchte mich nicht. Was können Menschen mir antun? (Ps 56, 9.12; EÜ)

Da ist einer, ein mich durch und durch Liebender, dem ich nichts vorzumachen brauche, der mich durch und durch kennt – der jedes Haar auf meinem Kopf zählt, um jede meiner Tränen weiß, um mein Lachen auch, und der mich in meinen Stärken und Schwächen so annimmt, wie ich bin – der mir den Kopf streichelt, die Tränen trocknet, mein Lachen und meine Stärken fördert, mir aus Schwachheiten und Gefährdungen hilft.

Gott, ich freue mich, von dir so angenommen zu sein. Amen.

20. April

Ein Lied Davids, als er vor Saul in die Höhle floh. Sei mir gnädig, o Gott, sei mir gnädig. Ich rufe zu Gott, dem Höchsten, zu Gott, der mir beisteht. Mein Herz ist bereit, o Gott, mein Herz ist bereit, ich will dir singen und spielen. Wach auf, meine Seele! Wacht auf, Harfe und Saitenspiel! Ich will das Morgenrot wecken. Denn deine Güte reicht, so weit der Himmel ist, deine Treue, so weit die Wolken ziehn. (Ps 57, 1.2.3.9–10.11; EÜ)

Sich in der Höhle der Angst verkriechen, immer wieder um sich selbst, um seine düsteren Gedanken kreisen – das ist in bestimmten Situationen verständlich, kann auch notwendiger Selbstschutz sein, doch entscheidender ist es, den Blick zu weiten, die engen Mauern zu sprengen, im Vertrauen auf Gott die Morgendämmerung nach dunkler Nacht getrost zu erwarten, sie herbeizusingen.

Gott, laß mich nicht zum Gefangenen meiner Probleme werden. Amen.

21. April

Redet ihr, Gottwesen, Wahrspruch, richtet ihr mit Geradheit die Menschenkinder? Vielmehr herzhaft wirkt ihr Verfälschung, im Land wägt ihr die Unbill eurer Hände dar. Sie sollen zerrinnen wie Wasser, die sich verlaufen. Freuen soll sich der Bewährte. (Ps 58, 2–3.9.11; DS)

Die Götzen, die dunklen Mächte der Ungerechtigkeit, Gewalt, Täuschung, Überheblichkeit – die mir sogar einflüstern, selbst zu bestimmen, was Recht und Unrecht ist – diese Götzen sind lebensgefährlich für mich und andere. Zugleich haben sie keinen Bestand vor dem wahren Gott, mögen sie sich noch so dreist gebärden – am Ende siegt die Liebe.
Doch bis dahin gilt: Ich darf mich von ihnen nicht in den Bann ziehen lassen. Gottes Weisungen erfüllen, darin allein muß ich mich bewähren, darin allein liegt mein Glück.

Gott, heile mein Blindsein für dich. Amen.

22. April

Errette mich, mein Gott, von meinen Feinden, und schütze mich vor meinen Widersachern. Jeden Abend kommen sie wieder, heulen wie die Hunde und laufen in der Stadt umher. Ich aber will von deiner Macht singen und des Morgens rühmen deine Güte, denn du bist mir Schutz und Zuflucht in meiner Not. (Ps 59, 2.15.17; LB)

Es gibt Wichtigeres, Bedeutsameres als jede meine Ängste – nämlich die vertrauensvolle Gewißheit, daß mein Gott mir beisteht, mir aufhilft – und so kann ich gelassener mit meinen inneren und äußeren Anfechtungen und Anfeindungen umgehen; die scharfen Hunde verlieren an Biß, an Kraft – die Mitte der Nacht ist schon der Anfang des Tages.

Gott, ich danke dir für Bewahrung. Amen.

23. April

Wer wird mich führen in die feste Stadt? Wirst du es nicht tun, Gott? Schaff uns Beistand in der Not. Denn Menschenhilfe ist nicht nütze. Mit Gott wollen wir Taten tun. Er wird unsere Feinde niedertreten. (Ps 60, 11.12.13–14; LB)

Raus aus dem Sich-Drücken vor dem Leben, raus aus allem Lebensfeindlichen, aus allem, was mich am Leben hindert: meine Feigheiten, Trägheiten, pessimistischen Einstellungen, Lieblosigkeiten – und vorwärts in die Festigkeit der Zuversicht, des Optimismus, des Offenseins für Neues, der Güte – in all das, was Leben gelingen läßt.

Gott, hilf mir zum erfüllten Leben. Amen.

24. April

Höre, Gott, mein Schreien und merke auf mein Gebet! Vom Ende der Erde rufe ich zu dir; denn mein Herz ist in Angst; du wollest mich führen auf einen hohen Felsen. (Ps 61, 2–3; LB)

Total kaputt sein, im tiefsten Abgrund stecken, sich wie am äußersten Ende der Erde allein und hilflos fühlen – wer die Verzweiflung in ihrer völligen Tiefe durchlebt – und nur der –, ist fähig, sie wirklich zu überwinden.
Ein leidenschaftliches Klagen und Schreien – zielgerichtet, auf Gott hin, von einem letzten, unbeirrbaren Gottvertrauen getragen. Und dann mit Gottes Hilfe in Kraft der Hoffnung auf den Felsen des festen Gottvertrauens, der Gelassenheit kommen und Gottes weiteres Eingreifen getrost erwarten.

Gott, hab Dank, daß kein Abgrund für deine rettende Hand zu tief ist. Amen.

25. April

Zu Gott allein ist stille meine Seele. (Ps 62, 2; ZB)

Sich lösen aus dem Lärm des Tages, aus dem Gewirr vieler Stimmen und Geräusche, und sich auf Gott konzentrieren, sich ins Göttliche einsenken, in der Stille zu Gott finden, in der Ruhe vor Gott die eigene innere Unruhe, das Kreisen um Unwichtigkeiten sich auflösen lassen, manches deutlicher, richtiger sehen, Hoffnung schöpfen. Mitten im Tag einfach einmal kurz Abstand zur Welt gewinnen, die Seele pflegen und dann gestärkt in die Welt zurück, ans Werk gehen.

Gott, schenk mir in dir immer wieder Erholung. Amen.

26. April

Gott, du bist mein Gott, den ich suche. Es dürstet meine Seele nach dir, mein ganzer Mensch verlangt nach dir aus trockenem, dürren Land, wo kein Wasser ist. (Ps 63, 2–3; LB)

Sehnsucht nach Gott, nach vollkommenem Glück – in der Weltzeit nur bruchstückhaft zu stillen: da, wo wir Gottes Nähe verspüren in Zeichen seiner Liebe, in der Liebe untereinander. Aber ansonsten sind wir wie Kinder, die mit der Hand das Meer ausschöpfen wollen – wir möchten den Unfaßbaren völlig umfassen, erkennen; und haben doch kaum etwas in Händen – unruhiges Herz, Tasten und Suchen, bis wir einmal in Gott ruhen.
Wer verkündet, Gott jetzt schon ganz zu haben, genau zu wissen, wer Gott ist, der predigt ein Götzenbild.

Gott, ich danke dir, daß mein tiefstes Sehnen anfanghaft seine Erfüllung finden kann. Amen

27. April

Ihre Zungen sind wie geschliffene Schwerter; wie Pfeile verschießen sie giftige Worte, aus dem Hinterhalt, ohne Warnung und ohne Hemmung. Gott aber legt den Bogen auf sie an, ganz plötzlich trifft sie sein Pfeil; ihre eigenen Worte bringen sie zu Fall. Wer dem Herrn die Treue hält, wird bei ihm Freude und Zuflucht finden. (Ps 64, 4.5.8.9; EÜ)

Unsere Worte können vernichtende Waffen sein. Ein liebloses Urteil, ein dummes Geschwätz, ein arroganter, giftiger Satz, ein vorurteilsbelastetes Drüber-Herziehen – und andere Menschen sind zutiefst getroffen. Nichts gegen ein deutliches, klares Wort zur rechten Zeit – wir können und dürfen nicht nur freundlich mit anderen reden.
Aber: Ein klares Wort sollte nicht verletzen. Und überdies: Vorrang haben die freundlichen, aufmunternden, tröstlichen, rettenden Worte. Es steckt viel Macht in unserem Reden – zum Bösen wie zum Guten.

Gott, laß mich sorgsam mit meinen Worten umgehen. Amen.

28. April

Ost und West erfüllst du mit Jubel. Du sorgst für das Land und tränkst es; du überschüttest es mit Reichtum. Du krönst das Jahr mit deiner Güte, deinen Spuren folgt Überfluß. In der Steppe prangen die Auen, die Höhen umgürten sich mit Jubel. Die Weiden schmücken sich mit Herden, die Täler hüllen sich in Korn. Sie jauchzen und singen. (Ps 65, 9.10.12–14; EÜ)

Natürlich darf ich nicht die Augen verschließen vor mutwilliger Zerstörung der Schöpfung durch menschlichen Unverstand. Natürlich soll ich, soweit mir möglich, dagegen etwas tun.
Nur sollte ich nicht wie gebannt bloß auf die Zerstörungen schauen, sondern auch Augen dafür haben, daß es Schönes, Beglückendes in der Schöpfung gibt und daß sie in Gottes Händen ruht – weil ich ein Recht auf solche Freude habe, weil diese Sicht mich für meinen Einsatz stärkt und nicht pessimistisch resignieren läßt.

Gott, ich danke dir für deine gute Schöpfung und ihre Gaben. Amen.

29. April

Du hast, o Gott, uns geprüft und uns geläutert, wie man Silber läutert. (Ps 66, 10; EÜ)

Die Frage nach dem Warum des Leidens bleibt letztlich ungeklärt, die Frage nach dem tiefsten Woher ebenfalls – wir dürfen Gott nicht ohne weiteres da hineinziehen; wir hören ja auch von seinem Kampf gegen das Leid.
Wir können höchstens dunkel einen Sinn erahnen, wissen vielleicht aus eigener Erfahrung: Leiden prüft unseren Glauben, unsere Hoffnung, unsere Liebe – kann uns bei Mängeln stärker, menschlicher, geduldiger machen. Das Leiden als Chance – was auf keinen Fall ausschließt, daß wir es, wo immer möglich, bekämpfen.

Gott, laß mich im Leiden alle Möglichkeiten nutzen. Amen.

30. April

Gott sei uns gnädig und segne uns, er lasse sein Angesicht bei uns leuchten. Es müssen dich preisen, o Gott, die Völker, dich preisen die Völker alle. Es segnet uns Gott, unser Gott. (Ps 67, 2.6.7; ZB)

Wenn Gott mich segnet, dann heißt das: Gott sagt mir seine Güte zu, umfängt mich ganz mit seiner Liebe. Segen – das ist Gottes Hinwendung, sein Ja zu mir, sein Versprechen, für mich da zu sein, das Geschenk göttlichen Geistes, göttlicher Kraft.
Für mich Gesegneten bedeutet das die Erfahrung von Geborgenheit und Hilfe, eine Bereicherung, eine Erhöhung meines Lebens, eine Erweiterung in ein ewiges Leben bei Gott – Freude und Dankbarkeit!

Gott, schenk mir und aller Welt immer neu deinen Segen. Amen.

1. Mai

Gepriesen sei der Herr, Tag für Tag. Gott trägt uns, er ist unsere Hilfe. Gott ist ein Gott, der uns Rettung bringt. Gott, der Herr, führt uns heraus aus dem Tod. (Ps 68, 20–21; EÜ)

Das sollte ich mir immer wieder vor Augen führen: Ich bin ein Getragener – niemals kann ich ins Bodenlose stürzen. Ich bin zu jedem Augenblick in Gottes Hand, und keine Macht der Welt kann mich dieser Hand entreißen, auch nicht der Tod.
Diese Hand trägt mich, ob ich es spüre oder nicht, hin zum Ziel, diese Hand birgt mich in Zeit und Ewigkeit.

Gott, es ist gut, mich in deiner Hand zu wissen. Amen.

2. Mai

Befreie mich, Gott, denn das Wasser kommt an die Seele. Ich sinke in das strudelnde Moor und ist kein Stand. Ich habe mich müd gerufen, meine Kehle ist entflammt, meine Augen zehren sich auf, wie ich harre auf meinen Gott. Dein Befreien, Gott, entrücke mich steilhin! Preisen werde ich im Gesang Gottes Namen. Die sich Beugenden sehens, sie freun sich, seine Gefesselten verachtet er nicht. (Ps 69, 2.3.4.30.31.33.34; DS)

Der Weg vom Trauern zur Freude kann lang sein. Aber er ist möglich – wir haben Gottes Zusage, und wir wissen es aus eigener und anderer Menschen Erfahrung. Doch dazu dürfen wir zunächst vor unseren Tränen, unseren Klagen und Anklagen, unserem Zorn nicht weglaufen – das wäre die falsche Richtung.
Wir müssen durch das Tal der Tränen hindurch, um auf den Berg der Freude zu gelangen. Und: Das Vertrauen, daß Gott bei uns ist, uns helfen wird, kann schon im dunklen Tal zu einer leisen Freude und zur Vorfreude führen.

Gott, gib mir einen langen Atem. Amen.

3. Mai

Gott, rette mich, komm, hilf mir bald! Ich bin arm und wehrlos; Gott, komm bald zu mir! Du bist doch mein Helfer und Befreier, Herr, laß mich nicht länger warten! (Ps 70, 2.6; GN)

Ungeduld – völlig verständlich, wenn es mir schlecht geht. Ich will so schnell wie möglich raus aus meinem Elend – versuche es aus eigener Kraft, lasse mir von Menschen helfen, bitte Gott um schnellstmögliche Hilfe. Doch wie Gott hilft und wann er hilft, ist seine Sache.
Ich weiß nur eins: Er hilft auf seine Weise, so, wie es mir zum Besten ist. Und da kann es durchaus passieren, daß ich warten, mich ins Warten einüben muß, bis ich Gottes Wirken spüre – und Gott wirkt auf jeden Fall!

Gott, laß mich nicht durch Ungeduld an meiner Hoffnung irre werden. Amen.

4. Mai

Du bist meine Hoffnung, Herr, dir habe ich von Jugend auf vertraut. Schlimme Zeiten hast du mich sehen lassen, doch immer wieder schenkst du mir das Leben und rettest mich vor dem sicheren Grab. Voll Freude will ich über dich jubeln, denn du hast mich befreit. (Ps 71, 5.20.23; GN)

Erfahrung am eigenen Leib, tröstliche Erfahrung: immer wieder Auferstehung schon mitten im Leben, immer wieder Befreiung aus Gräbern, die ich oder andere mir geschaufelt haben – immer wieder Entrinnen aus Verzweiflung und Versteinerung – immer wieder neu erleben dürfen, daß ich nach Haß und Tränen lachen und lieben kann.
Und das nicht als Zufall erfahren, sondern als göttliche, befreiende Kraft in mir.

Gott, ich vertraue darauf, daß du meine Wüsten aufblühen läßt. Amen.

5. Mai

Gott, gib dein Gericht dem König und deine Gerechtigkeit dem Königssohn, daß er dein Volk richte mit Gerechtigkeit und deine Elenden rette. Laß die Berge Frieden bringen für das Volk und die Hügel Gerechtigkeit. Alle Könige sollen vor ihm niederfallen und alle Völker ihm dienen. Denn er wird den Armen erretten, der um Hilfe schreit, und den Elenden, der keinen Helfer hat. (Ps 72, 1–3.11–12; LB)

Die neue Welt ohne Leiden, ohne Krieg, ohne Hunger, ohne Tod – sie ist das Werk des dornengekrönten Königs, des wiederkommenden Christus.
Aber wir, als seine Mitstreitenden im Kampf der Liebe für Frieden und Gerechtigkeit, können und sollen schon heute in unserem alltäglichen Leben ein wenig verwirklichen von der neuen Welt, auf sie hinarbeiten – den Hilflosen, Bedrückten, Schwachen, auch den unglücklichen Starken aufbauend zur Seite stehen.

Gott, laß mich täglich mitarbeiten an deinem Reich des Friedens. Amen.

6. Mai

Es ist alles ganz eitel. Was hat der Mensch von all seiner Mühe? Wenn es denn mir geht wie dem Toren, warum hab ich dann nach Weisheit getrachtet? Ist´s nun nicht besser für den Menschen, daß seine Seele guter Dinge sei bei seinem Mühen? Alles Mühen des Menschen ist für seinen Mund, aber sein Verlangen bleibt ungestillt. Alles, was da ist, das ist fern und ist sehr tief; wer will´s finden? (Koh 1, 2.3; 2, 15.24; 6, 7; 7, 24; LB)

Man sollte die Fragerei nicht überstrapazieren und aus dem Leben eine einzige große Frage machen. Dennoch: Fragen nach Gott und der Welt gehören zum Leben, sind lebensnotwendig, machen es lebendig – wer nicht mehr fragt, hinterfragt, der ist erstarrt, ist tot mitten im Leben.
Wer aber fragt, kann Antworten erhalten und weiterkommen. Und auch wenn sich, vielleicht nur vorläufig, keine Antwort ergibt: Das Fragen als solches zeugt von Lebendigkeit, Interesse und davon, daß man sich nicht einfach so mit allem abfindet.

Gott, hilf mir zum Fragen und in meinen Fragen. Amen.

7. Mai

Ein jegliches hat seine Zeit, und alles Vorhaben unter dem Himmel hat seine Stunde: pflanzen hat seine Zeit, ausreißen, was gepflanzt ist, hat seine Zeit; weinen hat seine Zeit, lachen hat seine Zeit; suchen hat seine Zeit, verlieren hat seine Zeit; lieben hat seine Zeit, hassen hat seine Zeit; Streit hat seine Zeit, Friede hat seine Zeit. (Koh 3, 1.2.4.6.8; LB)

Wir wehren uns gegen die dunklen Zeiten des Lebens – wir mit unserer Sehnsucht nach vollkommenem Glück. Sinnvoll aber: Nimm auch das Dunkle an! Nimm es nicht resignierend oder würdig-gelassen hin, sondern bejahe sehr bewußt das Leben in seiner ganzen Fülle!
Was nicht hindern sollte, dunkle Zeiten wo immer möglich zu verkürzen. Und über allem gilt es zu verstehen: Dunkle wie helle Tage sind eingebettet in eine heilsame göttliche Bewegung, die auf das Ziel hin formt.

Gott, laß mich zu meinem Leben in all seinen Farben stehen. Amen.

8. Mai

Man mühe sich ab, wie man will, so hat man keinen Gewinn davon. Ich sah die Arbeit, die Gott den Menschen gegeben hat, daß sie sich damit plagen. Er hat alles schön gemacht zu seiner Zeit, auch hat er die Ewigkeit in ihr Herz gelegt; nur daß der Mensch nicht ergründen kann das Werk, das Gott tut. Da merkte ich, daß es nichts Besseres gibt, als fröhlich sein und sich gütlich tun. Das ist eine Gabe Gottes. (Koh 3, 9–10.11.13.14; LB)

Da klingt etwas an, was viele von uns in sich tragen: Skepsis, Zweifel an Gott und der Welt, Melancholie, Resignation, ein Gefühl der Sinnlosigkeit – nehmen wir uns, was wir kriegen können, bald ist alles für immer vorbei! Doch da klingt noch etwas anderes, Entscheidendes an: Trotz harter Fragen glaube ich an Gott, baue auf ihn – er ist überall am Werk, geht mit mir durch die dunkle Nacht des Zweifels – es ist in allem ein Sinn, auch wenn ich ihn nur erahnen kann – ich darf mich trotz Skepsis an Gottes Gaben freuen – und trage die Ewigkeit im Herzen.

Gott, halt mich inmitten der Wirrnisse und Anfechtungen fest bei dir. Amen.

9. Mai

Laß dich nicht aus der Ruhe bringen; nur Unverständige ärgern sich über alles. Frage nicht: „Warum war früher alles besser als heute?" Damit verrätst du nur, daß du das Leben noch nicht kennst. (Koh 6, 9–10; LB)

Abgesehen davon, daß Vergangenes oft verklärt wird – warum sagen wir angesichts wirklich schöner vergangener Erlebnisse oft nur resignierend: „Das war einmal und kommt nicht wieder! Ihr seht ja, wie schlecht es mir jetzt geht!" Natürlich kommt es nicht wieder, weil alles nur einmal so passiert. Doch statt uns ins Jammern zu verlieren, sollten wir uns dankbar an das Schöne erinnern, uns in der Erinnerung wohl fühlen. Und sollten vertrauen, daß ähnliches durchaus wieder passieren wird, sollten uns mit Gottes Hilfe an die Verwirklichung wagen.

Gott, mach mich optimistischer. Amen.

10. Mai

Freu dich, wenn du einen Glückstag hast. Und wenn du einen Unglückstag hast, dann denke daran: Gott schickt dir beide, und du weißt nicht, was als nächstes kommt. (Koh 7, 14; GN)

Sind gute Tage vorüber, bist du darüber traurig – du warst ja glücklich. Du könntest aber zugleich sagen: Das geht in Ordnung, weil ich auch schlechte Tage für mein menschliches Reifen brauche! Sind schlechte Tage vorüber, sagst du: Das geht in Ordnung, ich habe genug gelitten! Du könntest aber zugleich dankbar für diese Tage sein als Tage des Lernens, des Reifens.
Du brauchst Regen und Sonne für dein Reifen. Und: Das irdische Leben wäre furchtbar langweilig, wenn es nur Sonne böte; es wäre furchtbar grausam, wenn es nur Reg en böte.

Gott, ich danke dir für die Wechselspiele des Lebens. Amen.

11. Mai

Auch ich kenne das Sprichwort: „Wer Gott ernst nimmt, dem geht es gut. Aber wer Unrecht tut, der hat kein Glück." Aber in der Welt sieht es oft genug anders aus: Da sind Menschen, die Gottes Gebote befolgen, und es ergeht ihnen wie Verbrechern. Und es gibt Verbrecher, denen geht es so gut, als hätten sie Gottes Gebote befolgt. (Koh 8, 12.13.14; GN)

Wenn ich Gottes Gebote befolge, geht es mir grundsätzlich gut? Unsinn – ich habe auch dann genug mit Leid und Not zu schaffen. Und das zeigt: Ich kann Gott nicht nach eigenen moralischen Vorstellungen beurteilen, nach meinen Ideen von Lohn oder Bestrafung – um dann empört sein, wenn Gott nicht nach meinen Vorstellungen funktioniert. Solch ein Gott wäre ein kleinkarierter Götze. Gott wirkt in allem, immer zielgerichtet, aber handelt als der Ganz-andere, Unbegreifbare.

Gott, hilf mir, dein Wirken nicht nach menschlichen Maßstäben zu beurteilen. Amen.

12. Mai

Iß dein Brot und trink deinen Wein und sei fröhlich dabei! So hat Gott es für die Menschen vorgesehen, und so gefällt es ihm. Nimm das Leben als ein Fest. Genieße jeden Tag. Nutze alle Möglichkeiten, die sich dir bieten. (Koh 9, 7.8.9.10; GN)

Mir selbst Gutes tun, damit die Seele nicht ausbrennt, das Gesicht nicht mürrisch wird – Gott verpflichtet mich darauf, damit Leben gelingt. Ich darf nicht nur arbeiten, an andere denken, sondern muß auch entspannen, Freuden des Lebens genießen – wirklich genießen. Wie aber soll ich ein gutes Essen genießen, wenn ich gleichzeitig fernsehe und womöglich von Programm zu Programm springe? Genießen ist eine Kunst: Konzentration auf den Augenblick, auf nur eine Sache – und dann lustvoll genießen.

Gott, bewahre mich davor, ein Nervenbündel und freudloser, moralinsaurer Kostverächter zu sein. Amen.

13. Mai

Nimm Gott ernst und folge seinen Geboten! Das ist alles, worauf es für den Menschen ankommt. (Koh 12, 13; GN)

Erkenne Gott als den Ganz-anderen an – liebe ihn um seiner selbst willen und weil er dich liebend umfängt – liebe ihn mit Gefühl – liebe ihn vor allem mit dem Verstand, indem du gemäß seinem Wort den Nächsten liebst. Denn Liebe zu Gott wie auch zum Nächsten und zu dir selbst ist nicht gefühlsgebunden, sondern wesentlich ein bewußtes Dasein für jemanden.
Dumpfe Gefühle dürfen Liebe nicht verhindern. Gute Gefühle sind nicht nötig. Ursächlich nötig ist nur das Wissen um Gottes Liebe, die du konstruktiv beantwortest. Doch ein zusätzliches gutes Gefühl, echt und herzlich, ist angenehm, fördert das Tun und macht Liebe „rund".

Gott, schenk mir den Schlüssel zum Leben, Mut zum Wesentlichen. Amen.

14. Mai

Er küsse mich mit dem Kusse seines Mundes; denn deine Liebe ist lieblicher als Wein. Wie ein Apfelbaum unter den wilden Bäumen, so ist mein Freund unter den Jünglingen; ich bin krank vor Liebe. – Siehe, meine Freundin, du bist schön. Dein Schoß ist wie ein runder Becher, dem nimmer Getränk mangelt. Deine beiden Brüste sind wie junge Zwillinge von Gazellen. Laß deinen Mund sein wie guten Wein. (Hld 1, 1; 2, 3; 4, 1; 7, 3.4.10; LB)

Völlig unbefangen redet die Bibel von Erotik, sexuellem Begehren, Sexualität – und wie verklemmt gehen wir damit oft um!
Der gute Gott hat eine gute Schöpfung ins Leben gerufen, er hat mich erschaffen mit Kopf, Herz und Bauch, mit meinen Geschlechtsorganen – samt den dazugehörigen Trieben und Empfindungen. Sexuelle Lust und Freude, im Rahmen der Liebe, ist etwas Positives, ein Geschenk Gottes! Sag ein volles „Ja" zu deinem Körper, deiner Seele, deinem Geist, zu dir selbst!

Gott, halt jede Prüderie fern von mir. Amen.

15. Mai

Siehe, meine Freundin, du bist schön, deine Augen sind wie Taubenaugen. Siehe, mein Freund, du bist schön und lieblich. Unser Lager ist grün. (Hld 1, 15–16; LB)

Komplimente gehören zur Nächstenliebe und gerade auch zur erotischen Liebe wie das Salz zur Suppe. Dadurch kann eine tiefe zwischenmenschliche Beziehung entstehen. Dadurch stärkt man sich gegenseitig im Erkennen der eigenen guten Seiten und im Gefühl, begehrt, anerkannt, geliebt, bewundert, etwas wert zu sein. Komplimente sind Streicheleinheiten für die Seele.
Und: Die erotische Liebe kann durch Komplimente an Herzflimmern gewinnen.

Gott, laß mich ohne Zurückhaltung und ohne Übertreibung Komplimente verteilen. Amen.

16. Mai

Ich bin eine Blume in Saron und eine Lilie im Tal. (Hld 2, 1; LB)

Gott liebt mich, nimmt mich an, ich bin eine einmalige und schöne Blume in seinem Garten. Das zu wissen, stärkt mich, mir ganz bewußt Gutes zu tun, mich zu pflegen. Solches Wissen und Tun sollte dann auch mein Selbstwertgefühl fördern, ein angenehmes Gefühl für mich, die Freude an meinen positiven Seiten, frei von Gefühlsduselei.
Auf diese Weise liebe ich mich selbst, nehme mich trotz meiner Mängel an – ohne Selbstsucht, ohne Selbstanbetung. Ich bleibe offen für Gott und die Welt – Gottes Liebe bewegt mich, nach seinem Willen für die Mitmenschen da zu sein, für sie zu blühen.

Gott, gib mir Gespür für meine guten Seiten und gesundes Selbstbewußtsein. Amen.

17. Mai

Liebe ist stark wie der Tod und Leidenschaft unwiderstehlich wie das Totenreich. Ihre Glut ist feurig und eine Flamme des Herrn, so daß auch viele Wasser die Liebe nicht auslöschen und Ströme sie nicht ertränken können. (Hld 8, 6.7; LB)

Gefühle wie Liebe oder Zorn, feurige Leidenschaften – zutiefst sind es von Gott gegebene Kräfte. Unterdrücke ich sie, werde ich krank. Sie machen Leben lebendig, sind gut für die Welt. Wie arm ginge es zu ohne Gefühle erotischer Liebe und der Liebe zu Gott, zum Nächsten, zu mir selbst! Und aus Zorn wegen Ungerechtigkeiten erwächst Mut zur Veränderung!
Jedes Gefühl kann aber ausarten: Liebe in Rührseligkeit oder Klammern, Zorn in Zerstörung. Auch da, wo Liebe gefühlsunabhängig ein konkretes gutes Tun ist, kann sie ausarten: in übertriebenes Helfen oder in Selbstsucht.

Gott, laß mich meine Gefühle und Leidenschaften verantwortungsvoll ausleben: kraftvoll und zugleich maßvoll. Amen.

18. Mai

Dennoch bleibe ich stets an dir; denn du hältst mich bei meiner rechten Hand, du leitest mich nach deinem Rat und nimmst mich am Ende mit Ehren an. Wenn ich nur dich habe, so frage ich nicht nach Himmel und Erde. Wenn mir gleich Leib und Seele verschmachtet, so bist du doch, Gott, allezeit meines Herzens Trost und mein Teil. (Ps 73, 23–26; LB)

Wenn mir das Leben auch hart mitspielt – wenn die Welt unterzugehen scheint – wenn mich deswegen Zweifel von Gott losreißen möchten – wichtiger als alle noch so schlimme und nicht zu verharmlosende Bedrängnis, wichtiger als alle Zweifel ist das vertrauensvolle Wissen: Es gibt einen Halt im Fallen, Gott ist bei mir, trägt mich, stärkt mich in der Bedrängnis, befreit mich. Gott bleibt bei mir – und ich bei ihm, trotz allem.

Gott, ich danke dir für deine rettende Hand. Amen.

19. Mai

Dein ist der Tag und dein ist die Nacht; du hast Gestirn und Sonne die Bahn gegeben. Du hast dem Land seine Grenze gesetzt; Sommer und Winter hast du gemacht. Gedenke an den Bund; denn die dunklen Winkel des Landes sind voll Frevel. Laß den Geringen nicht beschämt davongehen, laß die Armen und Elenden rühmen deinen Namen. Mach dich auf, Gott, und führe deine Sache. (Ps 74, 16–17.20–21.22; LB)

Und darum, weil Gott diese Welt erschaffen hat, weil er sie hält und erhält und allem Elend zum Trotz vollendet, weil er Wind und Wetter gebietet – darum kann ich auch darauf bauen, daß in meinem eigenen Leben Licht und Dunkel, Sonne und Regen, Ruhe und Sturm sinnvoll ihren Platz haben – und daß Gott den stürmischen Wellen, die in mein Lebensschiff schlagen, Einhalt gebieten kann und wird.

Gott, ich freue mich, daß alles in der Macht deiner Liebe steht. Amen.

20. Mai

Wir preisen dich, Gott, wir preisen dich; dein Name ist denen nahe, die deine Wunder erzählen. „Ja, zu der Zeit, die ich selbst bestimme, halte ich Gericht nach meinem Recht." Der Richter ist Gott. „Ich schlage die ganze Macht der Frevler nieder; doch das Haupt des Gerechten wird hoch erhoben." (Ps 75, 2–3.8.11; EÜ)

Gott richtet die Welt – nicht nach unseren menschlichen Vorstellungen von Lohn und Strafe, aber immerhin: Da wird etwas von Gott ausgesagt, was so gar nicht in unsere kleinbürgerlichen Vorstellungen vom lieben Gott paßt.
Gott richtet die Welt – noch vollziehen sich seine Gerichte verborgen, aber es kommt ein Tag, an dem alles klar und eindeutig sein wird. Ich selbst werde dann vor Gott stehen als jemand, der sich für Gott, für die Liebe geöffnet oder dagegen verhärtet hat – und bleibe in der Liebe oder in der Verhärtung.

Gott, führe mir den Ernst des Gerichts und meine Verantwortung vor Augen. Amen.

21. Mai

Vom Himmel her verkündest du das Urteil. Alle Welt erschrickt und wird still, wenn du aufstehst, Gott, und Gericht hältst, um die Unterdrückten auf der Erde zu befreien. Legt Gelübde ab und löst sie ein vor dem Herrn, eurem Gott! Ihr Völker, die ihr rings um ihn wohnt, bringt dem ehrfurchtgebietenden Gott Geschenke! (Ps 76, 9–10.12; GN).

Das letzte Wort hat Gott – scheint oft auch alles dagegenzusprechen. Und die Menschen werden den Atem anhalten, mit Schrecken erkennen, wie sehr sie Menschen, Tiere und Natur geschunden haben. Aber noch läuft die Frist der Gnade – noch dürfen wir Gutes tun – das ist unser vernünftiger Gottesdienst, das sind die Gaben, die Gott von uns erwartet – auch so will er, heute schon und durch uns, den Elenden helfen. Und dann werden wir nicht zu erschrecken brauchen, wenn Gott das letzte Wort spricht.

Gott, laß mich vor dir bestehen können. Amen.

22. Mai

Denke ich an Gott, muß ich seufzen. Mein Herz grübelt bei Nacht. Hat Gott seine Gnade vergessen, im Zorn sein Erbarmen verschlossen? Ich denke an die Taten des Herrn, ich will denken an deine früheren Wunder. (Ps 77, 4.7.10.12; EÜ)

Unser Glaube läuft nicht unentwegt erhobenen Hauptes durch die Welt. Da sind Zweifel, die bitteren Fragen, warum Gott nicht eingreift – bis hin zur Frage, ob es einen Gott der Liebe überhaupt gibt. Für diese Fragen brauchen wir uns nicht zu schämen – Glaube und Zweifel gehören zusammen.
Entscheidend: nicht ständig ein fragendes, bangendes Selbstgespräch führen, sondern versuchen, mit Gott im Gespräch zu bleiben, sich seiner erwiesenen Hilfe erinnern, ein letztes Gottvertrauen bewahren.

Gott, halt mich in Zweifeln bei dir, laß mich gestärkt aus ihnen hervorgehen. Amen.

23. Mai

Wenn er den Tod unter sie brachte, suchten sie Gott und fragten wieder nach ihm. Doch ihr Herz hing nicht fest an ihm. Er aber war barmherzig. Sie versuchten Gott immer wieder und kränkten den Heiligen Israels. (Ps 78, 34.36.37.38.41; LB)

Not lehrt beten – aber Gott will mehr von uns: daß wir stets mit ihm Kontakt halten, seine Weisungen befolgen. Wir hingegen stellen uns stur: Wenn wir meinen, Gott zu brauchen, wenden wir uns an ihn, ansonsten gehen wir eigene lieblose Wege. Menschlich ausgedrückt: Auf diese Weise betrüben wir Gott. Doch er läuft liebevoll, fast verzweifelt hinter uns her, will uns immer wieder zu Leben und Frieden führen. Wenn wir uns nur auf ihn einließen!

Gott, laß mich enger mit dir verbunden sein, in Freud und Leid, in den Alltäglichkeiten, und wenn ich mich verirre, führ mich zurück zu dir. Amen.

24. Mai

Hilf du uns, Gott, unser Helfer, um deines Namens Ehre willen. Warum läßt du die Heiden sagen: „Wo ist nun ihr Gott?" Laß vor dich kommen das Seufzen der Gefangenen; durch deinen starken Arm erhalte die Kinder des Todes. Wir aber, dein Volk, die Schafe deiner Weide, danken dir ewiglich und verkünden deinen Ruhm für und für. (Ps 79, 9.10.11.13; LB)

Du kannst dich in einem sturmgeschüttelten Schiff wohlfühlen, wenn du weißt, daß es nicht untergeht. Du kannst Gott selbst in den schlimmsten Anfeindungen loben, wenn du weißt:
Trotz der Anfeindungen, mitten in ihnen, besser: hinter ihnen habe ich einen unverlierbaren Halt – Gott hält mich in allen Verwundungen und reißt mich heraus – mein Vertrauen wird nicht enttäuscht, auch wenn andere mir das ausreden wollen.

Gott, hab Dank, daß keine Not mich von dir trennen kann. Amen.

25. Mai

Gott, tröste uns wieder und laß leuchten dein Antlitz, so genesen wir. (Ps 80, 4; LB)

Wenn wir denn schon so menschlich darum bitten, daß Gott uns tröstet, dann können wir auch unsere menschlichen Vorstellungen davon formulieren: daß Gott uns in unseren Niederungen mitfühlend zur Seite steht, daß er uns ohne große Worte fest in seine Arme schließt, uns im Leid aufrichtet, uns aufmuntert, aufheitert – daß es durch seine Liebe wieder hell um uns wird – daß er uns endlich aus allen irdischen Leiden zur himmlischen Freude verhilft. Und: Wir werden nicht enttäuscht.

Gott, heile mich durch deine Tröstungen. Amen.

26. Mai

Israel, du sollst mich hören! Tu deinen Mund weit auf, laß mich ihn füllen! (Ps 81, 9.11; LB)

Innere Freiheit, Frieden, Freude, neue Lebenskraft – das alles will Gott uns schenken. Aber: Er zwingt uns nicht zu unserem Glück – unsere freie Entscheidung ist ihm hoch und heilig. Wir können uns für ihn öffnen, mit unserem ganzen Ich empfänglich sein für Gottes gute Gaben.
Und: Mehr ist nicht von uns verlangt – Gott will keine gewaltigen Vorleistungen, um uns dann zu beschenken – nur öffnen müssen wir uns für ihn, auf seinen leisen Ruf hin – und unser Hunger, unsere Sehnsucht wird gestillt.

Gott, mach mich bereit, mich von dir beschenken zu lassen. Amen.

27. Mai

Gott steht auf in der Versammlung der Götter, in ihrer Mitte verkündet er das Urteil: „Wie lange wollt ihr noch das Recht verdrehen und für die Schuldigen Partei ergreifen? Befreit die Entrechteten und Schwachen, reißt sie aus den Klauen ihrer Unterdrücker! Aber ihr seht nichts und versteht nichts!“ Greif ein, Gott! (Ps 82, 1–2.4.5.8; GN)

Es gab und gibt genug Menschen, die sich wie Halbgötter benehmen, Diktatoren, selbsternannte Führer, die Unrechtsregime errichten, weil sie Gott aus den Augen verloren haben. Ihre Macht hat keinen Bestand.
Und wir, wenn wir uns zum wahren Gott halten, müssen gegen die Menschenschinder aufstehen und uns für die Unterdrückten einsetzen.

Gott, laß mich auf deiner Seite gegen Unterdrückung kämpfen mit den Waffen der Liebe. Amen.

28. Mai

Gott, schweige doch nicht! Bleib nicht so still und ruhig! Denn siehe, deine Feinde toben. (Ps 83, 2.3; LB)

Greif endlich mit Feuer und Schwert ein, Gott, daß die Bedrängnis ein Ende hat! Wo steckst du eigentlich? Du mußt doch was tun! Wenn wir so denken, ist das zwar verständlich, aber damit machen wir Gott zu unseresgleichen. Gottes Gedanken über unser Leben, sein Wirken in unserem Leben, im Weltgeschehen – all das ist und bleibt Geheimnis, vollzieht sich nicht nach unseren Vorstellungen – aber es vollzieht sich – anders, oft unauffällig. Gott ist kein unbeteiligter Eisklotz, sondern brennende Liebe.

Gott, laß mich in Schrecknissen nicht resignieren, sondern deinen Gedanken der Liebe vertrauen. Amen.

29. Mai

Wie lieblich sind mir deine Wohnungen, HERR Zebaoth! Meine Seele verlangt und sehnt sich nach den Vorhöfen des HERRN; mein Leib und Seele freuen sich in dem lebendigen Gott. Der Vogel hat ein Haus gefunden und die Schwalbe ein Nest für ihre Jungen – deine Altäre, HERR Zebaoth, mein König und mein Gott. Wohl denen, die in deinem Hause wohnen; die loben dich immerdar. (Ps 84, 2-5; LB)

Heimatlos umherirren – das ist nicht gut für mich. Andererseits: Überall Heimat suchen, führt auch zu keiner wahren Beheimatung. Ich muß mir gezielt das oder den oder die suchen, wo ich mich wirklich zu Hause fühle, wo ich den Anker meines Vertrauens auswerfen kann, Verankerung finde, Geborgenheit, Aufatmen, wo ich mich wohl fühle – ein Mensch, eine Landschaft, eine Idee, ein Haus, das Haus Gottes, Gott selbst. Die ewige Liebe will mir jetzt und für immer Heimat sein.

Gott, hab Dank, daß ich in dir zu mir finden, mich wohl fühlen darf. Amen.

30. Mai

Ich will hören, was Gott redet: Frieden verkündet der Herr seinem Volk. Es begegnen einander Huld und Treue, Gerechtigkeit und Friede küssen sich. Treue sproßt aus der Erde hervor; Gerechtigkeit blickt vom Himmel hernieder. Auch spendet der Herr dann Segen. Gerechtigkeit geht vor ihm her, und Heil folgt der Spur seiner Schritte. (Ps 85, 9.11–12.13.14; EÜ)

Himmlische Gerechtigkeit hat aus biblischer Sicht weniger mit Lohn und Strafe zu tun, sondern bedeutet vor allem Gottes treue, liebevolle Zuwendung zu uns. An uns liegt es, auf diese Liebe Gottes zu antworten, also auch unsererseits ein gutes Verhältnis zu Gott zu haben – und darüber zu den Menschen.
Durch uns, die Gottes Gerechtigkeit erfahren, sollen als Reaktion Gerechtigkeit und Friede in der lieblosen Welt erfahrbar werden, eine Verbindung eingehen – bis Gott den neuen Himmel und die neue Erde vollkommener Gerechtigkeit schafft.

Gott, mach mich nach deinem Vorbild gerecht. Amen.

31. Mai

Gott! Vermeßne stehen wider mich auf, die Schar der Wütigen trachtet mir nach der Seele. Wende dich mir zu. Tu an mir ein Zeichen zum Guten. (Ps 86, 14.16.17; DS)

Meine Klage über die bösen, lieblosen Mitmenschen – vielleicht bitte ich Gott, wenn ich ihn in solcher Angelegenheit um Hilfe angehe, auch darum, daß er an mir ein Lebenszeichen wirkt insofern, als ich selbst liebevoller, freundlicher werde.
Denn es wäre eine heuchlerische Klage, wo ich selbst nicht besser bin als die anderen.

Gott, gib mir Kraft, mit dem Guten bei mir selbst anzufangen – wenn nicht ich, wer sonst? Amen.

1. Juni

Sie ist fest gegründet auf den heiligen Bergen. Herrliche Dinge werden in dir gepredigt, du Stadt Gottes. Und sie singen beim Reigen: Alle meine Quellen sind in dir! (Ps 87, 1.3.7; LB)

Es gibt Tage, da fühlst du dich wie frisch gestärkt, könntest Bäume ausreißen, fühlst du dich wie reingewaschen von Schatten der Vergangenheit. Es ist, als hättest du in einem klaren Fluß gebadet, aus ihm getrunken. Keine ausgetrocknete Kehle mehr, keine verdorrte Seele, kein verstaubtes Herz.
Und du erkennst dankbar, daß das neue Leben dir aus der Stadt Gottes zufließt, allein aus Gottes Zuwendung herrührt, daß es wie dein ganzes Leben ein Geschenk des Himmel ist – alles Leben kommt von Gott.

Gott, ich danke dir, weil du meine Lebensquelle bist, weil ich im Strom deiner Liebe immer neu aufleben kann. Amen.

2. Juni

O Herr, mein Gott, ich rufe um Hilfe bei Tage und schreie des Nachts vor dir. Denn meine Seele ist mit Leiden gesättigt. Ich bin gefangen und kann nicht heraus, meine Seele verschmachtet vor Elend. Ich rufe dich an, o Herr, allezeit, ich strecke meine Hände aus zu dir. (Ps 88, 2.4.9.10; ZB)

Mag alles ringsum trübe aussehen – mögen Verlassenheit und Schmerzen quälen – wollen Eis und Kälte, dunkle Wolken überhaupt nicht mehr aufhören – mag alles unabänderlich trostlos erscheinen – ich darf und will die Hoffnung auf Gott nicht wegwerfen, ich muß mich erinnern, daß es noch nie einen Winter ohne einen Frühling gegeben hat – und nur der den Frühling zutiefst erfahren kann, der zuvor die Härte des Winters wirklich gespürt hat.

Gott, laß mich in kalter Nacht geduldig auf Licht und Wärme warten. Amen.

3. Juni

Wie lange noch, Herr? Verbirgst du dich ewig? Soll dein Zorn wie Feuer brennen? Wo sind die Taten deiner Huld geblieben? (Ps 89, 47.50; EÜ)

Die meisten unserer Fragen an Gott, nach Gott, nach dem Leben, dem Leiden, dem Sinn bleiben ohne Antwort. Aber eben das macht das Leben aus: daß wir suchen, fragen, vielleicht einiges wenigstens erahnen – und mit Fragen nicht aufhören.
Wer meint, auf alles eine Antwort zu haben, belügt sich selbst – solange wir auf der Erde sind, sehen wir den Teppich des Lebens nur von unten, verworrene Fäden – bei Gott erst sehen wir das Muster, das Ganze, sind die Rätsel enthüllt.

Gott, gib, daß ich mich mit meinen Fragen annehme und über offenen Fragen nicht verzweifle. Amen.

4. Juni

Wir taten Unrecht, tappten im Dunkel, die Sonne ging uns nicht auf. Unermüdlich folgten wir den Wegen, die ins Verderben führen, wir irrten durch weglose Wüsten; aber von dem Weg, den der Herr gewiesen hatte, wollten wir nichts wissen. Was nützte uns unsere Überheblichkeit? Was half uns unser Reichtum, auf den wir uns großsprecherisch verließen? (Weish 5, 6.7–8; GN)

Nicht gedankenlos auf dem breiten Weg des Bösen, der Lieblosigkeit mitmarschieren – begreifen, daß ich auf falschem Weg herumlaufe, fernab von Glaube, Hoffnung und Liebe.
Begreifen, daß ich auf diese Weise andere und mich selbst zerstöre – mir mein zerstörerisches Tun nicht mehr länger von mir selbst gefallen lassen – klar und laut zu mir sagen, daß ich mir von mir nicht mehr alles gefallen lasse – und dann umkehren auf den Weg des Lebens, des Lichtes – das ist Weisheit.

Gott, gib mir Mut zur Selbstkritik. Amen.

5. Juni

Es ist alles dahingefahren wie ein Schatten und wie ein Gerücht, das vorübergeht, wie ein Schiff, das auf den Wasserwogen dahinfährt; wenn es vorüber ist, kann man seine Spur nicht mehr finden. (Weish 5, 9.10; LB)

Was passiert ist, das ist passiert – ich kann´s nicht ungeschehen machen. Und: Ich kann´s auch nicht wiederholen. Wenn ich an zwei Tagen an derselben Stelle im Meer bade, ist beim zweitenmal die Stelle im Meer zwar dieselbe, aber mein Handeln ist nur noch das gleiche, nicht mehr genau dasselbe.
Es gibt keine Wiederholung irgendeines Lebens-Augenblicks. Kein Grund zur Traurigkeit: Wir haben unentwegt die Chance, den Augenblick zu gestalten, ihn neu, vielleicht besser zu gestalten, ihn frisch und als einmalig zu erleben, auszukosten.

Gott, ich danke dir für die Erfahrung des Stets-Neuen. Amen.

6. Juni

Auch ich bin ein sterblicher Mensch wie alle anderen, Nachkomme des ersten, aus Erde gebildeten Menschen. Weinen war mein erster Laut wie bei allen. Mit Sorgen wurde ich aufgezogen; kein König trat anders ins Dasein. Alle haben den einen gleichen Eingang zum Leben; gleich ist auch der Ausgang. Daher betete ich, und der Geist der Weisheit kam zu mir. (Weish 7, 1.3.4.5–6.7; EÜ)

Das sagt Salomo, der König, von sich! Er ist wie alle anderen ein Mensch – kein Stern am Himmel, nicht das Zentrum des Universums. Wie alle anderen – das heißt, alle anderen Menschen sind so wichtig wie er selbst, sind ihm so wichtig wie er sich selbst.
Er thront nicht in kalten Höhen und läßt sich von anderen anhimmeln, sondern ist einer von ihnen, solidarisch mit ihnen – ist fähig zur Liebe, zum Leben, zum Lernen, zur Weisheit. Er nimmt sich nicht so wichtig – und davon profitieren er und andere. Halte ich es bei mir genauso?

Gott, hol mich aus meiner Nabelschau. Amen.

7. Juni

Selbst wenn ein Mensch vollkommen wäre, wäre er nichts ohne die Weisheit, die von dir kommt. (Weish 9, 6; GN)

Selbst wenn – aber wir sind nun mal unvollkommen, mit Brüchen im Leben. Was wir tun können: versuchen, unser Bestes zu geben im Kampf um Vollkommenheit – und dennoch: Wir sind damit zwar auf gutem Weg, bleiben aber unvollkommen, verstoßen immer wieder gegen die Menschlichkeit.
Was hilft es, darüber zu jammern oder sich Illusionen vom Perfekten hinzugeben? Wir sind und bleiben unvollkommen, machen das Beste aus der Situation – und so ist es in Ordnung. Und, dies keine Illusion: Bei Gott werden wir einst vollkommen sein.

Gott, laß mich mit aus meinen Brüchen Aufbrüche machen. Amen.

8. Juni

Mit ihrem ganzen Sein im Irrtum befangen sind die Menschen, die Gott nicht kennen und die Kräfte der Natur für Götter halten. Trotzdem sind sie nicht allzu hart zu tadeln; denn sie irrten zwar, aber sie waren ehrlich bemüht, Gott zu finden. (Weish 13, 1.6; GN)

Ist jemand anderer Auffassung als ich, kann ich so reagieren: Was der andere glaubt und meint, ist von vornherein falsch – nur meine Meinung ist richtig – die Auffassung des anderen, der andere Mensch selbst muß bekämpft werden. Fanatismus! Statt dessen sollte ich so reagieren: offen sein für den anderen, versuchen, ihn zu verstehen, mich womöglich korrigieren zu lassen – und auch wenn ich zum Schluß komme, daß der andere irrt: Ich verachte ihn deshalb nicht. Und vielleicht kann ich ihn ja durch mein gutes Beispiel überzeugen.

Gott, laß mich behutsam mit Andersdenkenden umgehen. Amen.

9. Juni

Er gab mir zuverlässiges Wissen über alle Dinge: über den Aufbau der Welt und das Wirken der Elemente, über Anfang, Ende und Mitte der Zeiten, über die Bahn der Sonne und den Wechsel der Jahreszeiten. Du, Herr, hast alle Dinge nach Maß, Zahl und Gewicht geordnet. Du kannst jederzeit deine unvergleichliche Macht beweisen. (Weish 7, 17–18; 11, 17.20.21; GN)

Vieles, was ich in der Welt erlebe, finde ich nicht in Ordnung – sehe statt dessen große Unordnung im Miteinander der Menschen, im Umgang der Menschen mit der Natur. Und vieles, was andere in Ordnung finden, empfinde ich nicht so. Aber: Ich kann keinem meine Vorstellungen von Ordnung aufzwingen – selbst wenn sie richtig wären.
Und überdies: Ich darf vertrauen, daß da trotz allem ein Plan der Liebe ist – ein mitreißendes, dynamisches, doch von innerer, göttlicher Ordnung getragenes Vorwärts auf den großen Tag der Erlösung.

Gott, wie gut, daß trotz allen Augenscheins deine Ordnung in der Schöpfung waltet und wirkt. Amen.

10. Juni

Auch die Gerechten lernten eine Probe des Todes kennen; doch deinem Volk sollte sich ein unerwarteter Weg eröffnen. Das Wesen der ganzen Schöpfung wurde neugestaltet. (Weish 18, 20; 19, 5.6; EÜ)

Gott schreibt auch auf den krummen Linien unseres Lebens gerade – immer wieder gibt er uns Stärke und Möglichkeiten, zum neuen Leben, zum neuen Anfang zu finden. Wir dürfen in den Irrungen und Wirrungen unseres Lebens nicht resignieren, uns nicht kleinkriegen lassen.
Da ist ein Gott, der es gut mit uns meint, der uns Kraft gibt zum Standhalten, zum Durchhalten, so daß wir trotz aller Widrigkeiten mutig ein „Gerade jetzt!“ sagen können und ans Ziel gelangen.

Gott, ich danke dir für deine treue Wegbegleitung. Amen.

11. Juni

Lehre uns bedenken, daß wir sterben müssen, auf daß wir klug werden. (Ps 90, 12; LB)

Das könnte ja ganz nützlich sein: Dann, wenn mir etwas hart an die Nerven geht, es einmal mit Blick von meinem Lebensende her zu betrachten. Vielleicht fällt mir dann auf, daß es gar nicht die Bedeutung hat, die ich ihm beimesse – und ich werde gelassener.
Auch das könnte ganz nützlich sein: Dann, wenn mein Leben reibungslos abläuft, ebenfalls einen Blick vom Ende her zu wagen. Vielleicht sehe ich auf die Weise, daß ich Wichtiges in Glaube, Hoffnung und Liebe versäume, besser nicht so angepaßt sein sollte.

Gott, laß mich mein Leben weiser und bewußter führen. Amen.

12. Juni

Wer unter dem Schutz des höchsten Gottes lebt und bei ihm, der alle Macht hat, bleiben darf, der sagt zum Herrn: „Du bist meine Zuflucht, bei dir bin ich sicher wie in einer Burg. Mein Gott, ich vertraue dir!" Gott selber sagt: „Er hängt an mir mit ganzer Liebe, darum werde ich ihn bewahren. Wenn er in Not ist, bin ich bei ihm; er wird die Hilfe erfahren, auf die er wartet." (Ps 91, 1–2.14.15.16; GN)

Gottvertrauen – jenes grundlegende Vertrauen in Gottes mich umsorgende Gegenwart. Mit Herz und Kopf ganz und getrost aus der Gewißheit zu leben: Gott ist bei mir, für mich da, segnend, rettend – immer.
Auch wenn ich mich von ihm manchmal verlassen fühle, auch wenn es nicht nach meinen Vorstellungen läuft, mich dennoch ganz tief in mir auf ihn zu verlassen. Gott lenkt meine Sache auf seine Weise zum Besten – häufig erkenne ich das erst im nachhinein.

Gott, du bist meine Hoffnung im Leben und im Sterben. Amen.

13. Juni

Wer Gott die Treue hält, wächst auf wie die immergrüne Palme in der Nähe des Herrn, unseres Gottes. Noch im hohen Alter trägt er Frucht, immer bleibt er voll Saft und Kraft. Sein Leben bezeugt: Der Herr tut das Rechte, auf ihn ist Verlaß, bei ihm gibt´s kein Unrecht! (Ps 92, 13.14.15–16; GN)

An den Früchten erkennt man uns – je näher und fester wir bei Gott sind, desto mehr bezeugen wir in unserem Leben durch Wort und Tat:
Gott ist die Liebe, die Güte, die Gerechtigkeit – ich bin ein von Gott geliebter Mensch und kann gar nicht anders, als diese Liebe, diese Güte, diese Gerechtigkeit verläßlich weitergeben.

Gott, mach mich fruchtbar im Guten. Amen.

14. Juni

Deinem Hause gebührt heilige Scheu, o Herr, auf ewige Zeiten. (Ps 93, 5; ZB)

Gottes Heiliger Geist, der in mir ist, macht mich zum Haus, zum heiligen Tempel Gottes – und ich sollte mich dementsprechend achten, sollte nicht lieblos, sorglos, verantwortungslos mit mir und meinem Leben umgehen, sondern Ehrfurcht haben vor mir selbst insofern, als ich in Gottes Heiligkeit einbezogen bin.

Gott, ich danke dir, daß du mich zu Würde und Schönheit erhebst. Amen.

15. Juni

Wenn mir das Herz von tausend Sorgen schwer war, hast du mich getröstet und wieder froh gemacht. (Ps 94, 19; GN)

Ja, die Erfahrung meiner Befreiung durch die Ausrichtung auf Gott, durch Gottes Hilfe kann mir von einem Augenblick zum anderen widerfahren! Und ich kann diese Erfahrung, diese Freude weitergeben, anderen Menschen von einem Augenblick auf den anderen zum Aufatmen verhelfen.
Und ich kann noch etwas anderes, auch wenn das manchmal schwerer fällt als selbst zu helfen: mir von anderen Menschen helfen lassen, ihre Hilfe nicht ablehnen. Vielleicht kommt Gottes Trost ja auch gerade durch andere Menschen zu mir.

Gott, laß mich Befreiung erfahren, annehmen und schenken. Amen.

16. Juni

Wenn ihr doch heute auf seine Stimme hören wolltet: „Verstocket euer Herz nicht. Vierzig Jahre war dies Volk mir zuwider, daß ich sprach: Sie sollen nicht zu meiner Ruhe kommen." (Ps 95, 7.10.11; LB)

Das tut gut zu hören, wenn wir gottvergessen uns in der Hektik des Tages abstrampeln, wenn wir gottvergessen nur noch genervt um unsere Beschwerden kreisen, wenn wir gottvergessen Unrecht tun und uns das innerlich zerreißt: Es gibt einen Weg aus der Unruhe zur Ruhe, zum Frieden – wenn wir unser verstocktes, gottvergessenes Herz für Gott öffnen.
Ruhe und Festigkeit in und trotz der Unruhe des Tages, Gelassenheit, Kraft für das Gute, Friede für die Seele.

Gott, bring mich jetzt und einmal für immer in deine beglückende Ruhe. Amen.

17. Juni

Singt dem Herrn, dankt eurem Gott, verkündet Tag für Tag, wie gern er hilft! Erzählt allen Menschen von seiner Herrlichkeit, berichtet allen Völkern von seinen großen Taten! (Ps 96, 2-3; GN)

Die gute Nachricht weitersagen, das ist unser Auftrag – und auch nicht zu umgehen, wenn wir wirklich begeisterte und von Liebe zum Nächsten erfüllte Christenmenschen sind. Wichtiger aber als alles unmittelbare Predigen ist die mittelbare Verkündigung, das überzeugend gelebte Evangelium.
Nichts verweist andere stärker auf Jesus als unser tiefer Glaube, unsere gelassene Hoffnung, unsere kraftvolle Liebe in helfender Tat und tröstendem, ermutigendem Wort.

Gott, laß mich ein Leuchtfeuer sein, das andere zu dir hin weist. Amen.

18. Juni

Ihr IHN Liebenden, hasset das Böse! (Ps 97, 10; DS)

Wo es um unser Verhältnis zu Gott geht, da geht es nicht um korrektes, unbeteiligtes Funktionieren, sondern da geht es um Kopf, Herz und Bauch, um Liebe, um Haß: Gott lieben mit ganzer Kraft, mit ganzem Verstand und Gefühl, seine Weisungen zum Leben befolgen – und alles hassen, was gegen diese Weisungen läuft – also die Sünde verachten, meine eigene und die anderer.
Aber gleichzeitig, bei und trotz aller Sünde: Die Sünder, mich selbst und die anderen, annehmen, lieben – Gott tut es auch!

Gott, laß mich ganz bei der Sache sein, bei deiner Sache. Amen.

19. Juni

Singet dem Herrn ein neues Lied! Denn er hat Wunder getan. (Ps 98, 1; ZB)

Wo ein neues Lied gesungen werden soll, da muß zuvor ein altes Lied gesungen worden sein. Und dieses Loblied auf Gottes Bewahrung ist in der Geschichte immer wieder angestimmt worden. Ich stehe in der ununterbrochenen Kette all der Menschen, die Gottes Hilfe an sich verspürt haben.
Was für eine tröstliche Gewißheit: Gott hat geholfen, Gott hat auch mir geholfen, bislang. Gott hilft mir, heute, morgen, und ich kann immer wieder neu seine Liebe preisen – wirkungsvoller, machtvoller mit Gesang als mit gesprochenem Wort.

Gott, ich will dich loben durch Lied, Wort und Tat, durch mein ganzes Leben. Amen.

20. Juni

Groß ist der Herr auf Zion, über alle Völker erhaben. Preisen sollen sie deinen großen, majestätischen Namen. Denn er ist heilig. Rühmt den Herrn, unsern Gott, werft euch nieder an seinem heiligen Berge! Denn heilig ist der Herr, unser Gott. (Ps 99, 2–3.9; EÜ)

Mächtig ist Gott, heilig sein Name, wunderbar ist die ewige Liebe in ihrem Sein und Wirken – Großes tut Gott an uns, gibt uns Anteil an seiner Heiligkeit durch Christus, unseren Befreier aus bösen Verstrikkungen.
Wie könnten wir da anders, als aus frohem Herzen Gott zu loben! Und wir sollen Christus in uns wachsen lassen, mehr und mehr seine Gestalt annehmen, befreiend für andere wirken – zu Gottes Ehre.

Gott, ich preise deine Heiligkeit und dein heiligendes Wirken an mir. Amen.

21. Juni

Jauchzt vor dem Herrn, alle Länder der Erde! Dient dem Herrn mit Freude! Kommt vor sein Antlitz mit Jubel! Erkennt: Der Herr allein ist Gott. Er hat uns geschaffen, wir sind sein Eigentum, sein Volk und die Herde seiner Weide. (Ps 100, 2–3; EÜ)

Gottes fürsorgende Liebe – Gott nährt uns, stärkt uns, leitet uns immer wieder aus der Dürre zu grünen Weiden, zum frischen Wasser – wir sind seine Herde – nicht dumme Schafe – nicht eine graue Einheitsherde – und es wird auch niemand in diese Herde gezwungen oder mit Gewalt darin gehalten – sondern aus freiem Willen dürfen wir als freie, selbstbewußte, unverwechselbare Persönlichkeiten zu Gottes Volk zählen – frei, auf ihn zu hören, seinem Wort zu folgen, uns von ihm als gutem Hirten leiten zu lassen.

Gott, ich freue mich, inmitten deines Volkes wahres Leben finden zu dürfen. Amen.

22. Juni

Ich richte meine Augen nicht auf Schändliches; ich hasse es, Unrecht zu tun, es soll nicht an mir haften. Falschheit sei meinem Herzen fern; ich will das Böse nicht kennen. (Ps 101, 3–4; EÜ)

Wie schnell handeln wir gegen unsere guten Vorsätze! Wie rasch stoßen wir an unsere Grenzen! Doch wir brauchen diese Vorsätze, wir müssen eine Vorstellung haben, wie wir idealerweise sein sollten – nur dann können wir auf dieses Ziel hinarbeiten.
Wenn wir darüber nicht nachdenken oder dem Nachdenken keine Taten folgen lassen, weil ja doch alles vergeblich erscheint, treten wir auf der Stelle. Wir haben immerhin die Chance, bessere Menschen zu werden, ein wenig idealer, menschlicher.

Gott, laß mich täglich mehr dem Menschen entsprechen, der ich sein soll. Amen.

23. Juni

Gebet eines Unglücklichen, wenn er in Verzweiflung ist und vor dem Herrn seine Sorge ausschüttet. Herr, höre mein Gebet! Mein Schreien dringe zu dir! Wenn ich in Not bin, wende dein Ohr mir zu! Du wirst dich erheben, dich über Zion erbarmen. Vor Zeiten hast du der Erde Grund gelegt, die Himmel sind das Werk deiner Hände. (Ps 102, 1–2.3.14.26; EÜ)

Gern schaffen wir uns einen Gott nach unserer Phantasie – wie er uns in den Kram paßt, vorbei an der Bibel. Viele sagen auch, Gott sei grundsätzlich ein Ergebnis der Phantasie – der unbehauste, leidende Mensch erfinde einen Gott, von dem er sich Geborgenheit und Hilfe verspreche. Wir können es jedoch genau umgekehrt sehen: Nicht, weil wir uns nach Glück sehnen, erfinden wir Gott, den es nicht gibt – sondern: weil Gott da ist, uns auf sich hin geschaffen hat, sehnen wir uns nach ihm – weil er uns Hilfe zusagt, wenden wir uns in Not an ihn.

Gott, auf dich hin, den Lebendigen, geht meine Sehnsucht nach Leben. Amen.

24. Juni

Lobe den HERRN, meine Seele, und was in mir ist, seinen heiligen Namen! Lobe den HERRN, meine Seele, und vergiß nicht, was er dir Gutes getan hat: der dir alle deine Sünden vergibt und heilet alle deine Gebrechen, der dein Leben vom Verderben erlöst, der dich krönet mit Gnade und Barmherzigkeit, der deinen Mund fröhlich macht, und du wieder jung wirst wie ein Adler. (Ps 103, 1–5; LB)

Unsere Verstrickung ins Böse, unsere Gebrechen lassen uns oft sehr alt aussehen – Gott will Befreiung schenken, uns heilen, zumindest soviel Kraft geben, daß wir innerlich uns frei über unsere äußerlichen Gebrechen erheben, wie ein Adler emporfliegen können – neues Leben, neue Kraft, neuer Anfang, neue Sicht, jung und frisch – in jedem Alter!

Gott, gib mir immer wieder frischen Elan. Amen.

25. Juni

HERR, mein Gott, du bist sehr herrlich. Licht ist dein Kleid. Du hast den Mond gemacht, die Sonne weiß ihren Niedergang. HERR, wie sind deine Werke so groß und viel! Du hast sie alle weise geordnet, und die Erde ist voll deiner Güter. Es warten alle auf dich, daß du ihnen Speise gebest zur rechten Zeit. Ich will dem HERRN singen mein Leben lang. (Ps 104, 1.2.19.24.27.33; LB)

Der Schöpfer, der die Welt wunderbar ins Dasein gerufen hat und der sie erhält – es geht hier nicht um Naturschwärmerei, sondern um den, der durch seinen Lebensatem alles schafft und bewahrt. Auch ich stehe in dieser Bewahrung.
Ich persönlich, in meinen alltäglichen Freuden und Leiden, bin Gott unendlich viel wert – er ist um mich besorgt – um mein tägliches Brot – um mein ewiges Heil, weshalb der große Schöpfer ein kleines Kind wird, die Allmacht der Liebe sich in die Ohnmacht des Kreuzes begibt.

Gott, ich danke dir, daß dein Herz der Liebe für die Schöpfung, für mich schlägt. Amen.

26. Juni

Es freue sich das Herz derer, die den HERRN suchen! Fraget nach dem HERRN, suchet sein Antlitz allezeit! (Ps 105, 3.4, LB)

Wirklich finden, erkennen, umfassen können wir Gott in dieser Weltzeit nicht. Doch sehr viel ist gewonnen, wenn wir immer auf Suche nach Gott sind, sein Wort und seinen Willen erfragen, ihm in Jesus näherkommen.
Und das ist eine Sache der ganzen Person: des Verstandes, des Gefühls, des Spürens, der leiblichen und seelischen Erfahrung. Schon, wenn wir nur den Saum seines Gewandes berühren, erfahren wir Frieden und Heil, Veränderung zum Guten hin, sind wir erfüllt von Dankbarkeit und Freude.

Gott, ich freue mich, daß mein Tasten nach dir soviel Segen bringt. Amen.

27. Juni

Wir haben uns versündigt, wir genauso wie unsere Väter, wir haben Unrecht getan und Schuld auf uns geladen. Unsere Vorfahren haben nichts gelernt aus Gottes Wundertaten. Herr, unser Gott, rette uns doch! (Ps 106, 6.7.47; GN)

Ich kann mich nur weiterentwickeln, wenn ich begangene Fehler klar erkenne, Gottes aufhelfende Wunderkraft voll Vertrauen wahrnehme, aus alledem lerne – wenn ich also sage: Gott, ich habe an dir und den Menschen unrecht gehandelt, habe dadurch auch mir selbst geschadet – das soll und kann mit deiner Kraft anders werden! Und dann geht eine zweifache Verwandlung in mir vor: Ich erfahre Gottes Vergebung, die Befreiung von alter Schuld, und unbelastet vollbringe ich Wunder an Liebe, Güte und Gerechtigkeit.

Gott, laß mir den Blick in meine Dunkelheit zum heilsamen Anstoß in Richtung des hellen Morgens werden. Amen.

28. Juni

Willst du Gottes Diener sein, so bereite dich auf Anfechtung vor. Mache dein Herz bereit und steh fest und wanke nicht, wenn sie über dich kommt. Halt dich an Gott und weiche nicht, damit du am Ende erhöht wirst. (Sir 2, 1.2–3; LB)

Ein neues Denken, eine neue Sichtweise ist nötig: Laß dir bei aller Schwere deiner Probleme nie den Blick dafür nehmen, daß in jedem Problem die Chance steckt, vorwärtszukommen, weiterzukommen, dich zu entwickeln! Laß dich von den dunklen Seiten deines Problems nicht derart beeindrucken, daß du resignierend aufgibst. Sieh die Chancen und nutze sie! Vielleicht brauchst du sie auch gar nicht bewußt und aktiv zu nutzen, sondern die Schritte nach vorn ergeben sich wie von selbst? Auf jeden Fall aber kommt es zu den Schritten nach vorn!

Gott, ich danke dir, daß in jedem Problem auch eine Aussicht nach vorn hin möglich ist. Amen.

29. Juni

Denke nicht: Gott ist sehr barmherzig; er wird sich versöhnen lassen, wenn ich auch noch so viel sündige. Er kann sehr bald so zornig werden, wie er gnädig ist. (Sir 5, 6.7; LB)

Bei aller notwendigen Vorsicht in menschlichem Reden über Gott, seine Liebe, seinen Zorn – dies steht fest: Wir können Gott nicht erniedrigen zum spießigen, armseligen Gott, der dauernd ein Auge zudrückt. Wir dürfen nicht den früher überbetonten Zornesgott einfach ersetzen durch einen alles verzeihenden Wischiwaschi-Gott, den man nicht ernstzunehmen braucht.
Mach dir keine zu festen Vorstellungen vom unfaßbaren Gott – doch weil und wenn du Bilder von Gott brauchst, dann halt dich an die Bibel – ohne zu vergessen, daß es nur Bilder sind!

Gott, hilf mir immer wieder, vorsichtig und umsichtig von dir zu reden. Amen.

30. Juni

Halt dich nicht für etwas Besseres unter der Masse der Sünder. Halte dem nicht seine Sünde vor, der sich bessert, und denke daran, daß wir alle auch Schuld tragen. Verachte einen Menschen nicht, weil er alt ist; denn wir werden ja wohl auch alt werden. Freue dich nicht, wenn dein Feind stirbt; denke daran, daß wir alle sterben müssen. (Sir 7, 17; 8, 6–8; LB)

Na klar: Immer sind die anderen die Bösen, die Schwachen – nur ich nicht – ich bin ja perfekt! Merken wir nicht, wie wir uns damit selbst betrügen?
Ehe wir andere verurteilen, ihnen Schlimmes gönnen, uns an ihren moralischen und körperlichen Schwächen und Hinfälligkeiten weiden, sollten wir uns mit uns selbst beschäftigen – eigene Fehler und Hinfälligkeiten klar erkennen – die Fehler ernst nehmen – und zugleich nach Gottes Weise deshalb nicht zu hart zu uns sein – und auch verständiger, liebevoller mit den Menschen umgehen.

Gott, mach mich sensibler für mich und andere. Amen.

1. Juli

Tu dir selbst soviel Gutes an, wie du kannst. (Sir 14, 11; LB)

Selbstliebe heißt nicht, sich mit rührselig-übertriebenen Empfindungen selbstverliebt zu umarmen. Sogar maßvolle gute Gefühle sind nicht notwendig. Wesentlich ist konkretes Tun zum Eigenwohl – ein elementares menschliches Bedürfnis, gestärkt durch den Glauben, von Gott geliebt zu sein. Selbstliebe ist pure Selbstverständlichkeit und deshalb kein biblisches Gebot wie die Nächstenliebe.
Insofern ist der Satz, sich selbst Gutes zu tun, kein Auftrag zu etwas, das eh schon existiert, sondern bedeutet: Glaub immer mehr an Gottes Liebe zu dir – desto mehr Gutes tust du dir an – aber bitte ebenfalls ohne selbstsüchtige Übertreibung!

Gott, laß mich die richtige Form der Selbstliebe leben. Amen.

2. Juli

Es ist besser, offen zu tadeln, als heimlich Haß zu tragen (Sir 20, 2; LB)

Keine moderne psychologische Erkenntnis, sondern uralte biblische Weisheit: Friß deine dunklen Gefühle nicht in dich hinein – sie stauen sich in dir wie in einem Druckluftkessel an. Das nützt dir und anderen nichts – im Gegenteil: Du wirst seelisch krank. Und die anderen sind im Unklaren über deine Gefühlslage, über dich – und außerdem können sie zutiefst verletzt werden, wenn dein Druckluftkessel eines Tages explodiert.

Gott, laß mich meine dunklen Gefühle in angemessener, respektvoller Weise ausdrücken. Amen.

3. Juli

Prüfe dich in deiner Lebensweise! Denn nicht alles ist für alle gut. (Sir 37, 27.28; EÜ)

Maßhalten ist von mir gefordert. Maßhalten bedeutet nicht Mittelmäßigkeit, sondern im Gegenteil die bewußte, kritische Lebensführung einer starken Persönlichkeit: Die eigenen Grenzen erkennen und bejahen, mich nicht überfordern, übernehmen – doch zugleich mich nicht klein machen, mich nicht unterfordern. Genau erkennen, was ich wirklich kann und brauche – genau das für mich und andere tun und genau das genießen, was zum Besten dient.

Gott, stärke mich im Maßhalten. Amen.

4. Juli

Ein schweres Joch liegt auf den Menschenkindern von Mutterleib an, bis sie zur Erde zurückkehren. Da sind immer Sorge, Furcht, Hoffnung und zuletzt der Tod. Da sind immer Zorn, Eifersucht, Kummer, Unfriede und Todesfurcht, Haß und Streit. Und wenn einer des Nachts auf seinem Bett ruhen und schlafen soll, beunruhigen ihn allerlei Gedanken, und er erschrickt im Traum. (Sir 40, 1.2.4.5.6; LB)

Die Welt ist unvollkommen – du kannst zerbrechen an all den Lasten auf deinen Schultern. Aber: Die Unvollkommenheit eröffnet auch Chancen, nicht zu zerbrechen. Was aus eigener Kraft oder mit Hilfe anderer am Unvollkommenen zu ändern, zu verbessern ist, das verändere!
Und was dir unabänderlich immer wieder oder einmal widerfährt: ungerechte Anfeindungen etwa oder der Tod, das nimm bewußt an. Nimm es gelassen an, nicht hin, als wichtig und sinnvoll für dich, auch wenn du den Sinn kaum erkennst.

Gott, laß mich die Schwierigkeiten des Lebens meistern, laß mich durch sie reifen. Amen.

5. Juli

Fürchte den Tod nicht! Denk an die, die vor dir gewesen sind und nach dir kommen werden. So ist es vom Herrn verordnet über alle Menschen. (Sir 41, 5; LB)

Ein ganz weltlicher Trost beim Nachdenken über den Tod, aber immerhin: Mir passiert ja nichts Außergewöhnliches – mich trifft genau das, was vor mir unzählige Menschen getroffen hat, an diesem Tag trifft und in Zukunft treffen wird: Jeder Mensch muß sterben.
Ich bin wie eine von Milliarden Schneeflocken, schön, einmalig, die herunterfällt und vergeht, wie alle anderen auch – das zu denken, kann tröstlich sein. Und noch tröstlicher die Hoffnung: Im endgültigen Vergehen fängt mich eine gütige Hand auf, birgt mich in einer vollkommenen Welt.

Gott, befreie mich von zu großer Todesfurcht. Amen.

6. Juli

Nun will ich der Werke Gottes gedenken; was ich gesehen habe, will ich erzählen. Durch Gottes Wort entstanden seine Werke. Über allem strahlt die leuchtende Sonne, die Herrlichkeit des Herrn erfüllt seine Werke. Die Schönheit der Höhe, das klare Firmament und der gewaltige Himmel sind ein herrlicher Anblick. (Sir 44, 15.16; 43, 1; EÜ)

Andere Menschen erzählen dir von einem wunderschönen Urlaub, einem tollen Spaziergang. In den Reisebüros siehst du Hochglanzprospekte von Meer und Bergen, im Fernsehen Filme von unberührter Natur. So angenehm das auch ist – um dich wirklich wohl und glücklich zu fühlen, mußt du es am eigenen Leibe, mit den eigenen Sinnen erfahren – Genuß aus erster Hand, Lebensfreude unmittelbar: in den Sonnenschein eintauchen, das Meerwasser am Körper spüren, die Blüten riechen, von den Bergen in die Ferne blicken.

Gott, schenke mir genügend Gelegenheiten, mich an deiner Schöpfung rundum zu erfreuen. Amen.

7. Juli

Sieh den Regenbogen an und lobe den, der ihn gemacht hat! Denn er hat sehr schöne Farben. Er zieht am Himmel einen glänzenden Bogen. (Sir 43, 12.13; LB)

Ich habe das Staunen nicht verlernt – gut, wenn man so etwas noch von sich behaupten kann!
Staunen – das heißt, dem Starren, Erstarrten, der Öde in sich Widerstand leisten – mit offenen Augen durch die Welt laufen und ganz empfänglich sein für schöne, für neue Eindrücke und Erfahrungen, auch wenn sie mehr oder weniger alltäglich sind – sie fallen ja trotzdem aus dem Rahmen des grauen Alltags und lassen mich innerlich aufblühen, Weichheit, Wärme, Faszination empfinden.

Gott, bring mich zurück zum kindlichen Staunen. Amen.

8. Juli

Nun danket alle Gott, der große Dinge tut an allen Enden, der uns von Mutterleib an lebendig erhält und uns alles Gute tut. (Sir 50, 24; LB)

Bewußt „Danke" sagen für etwas Gutes, das ich von Gott oder Menschen erhalten habe, ist mehr als Höflichkeit, mehr als der Wunsch, dem Schenkenden dadurch auch eine kleine Freude zu machen.
Das bewußte Danken ist äußerer Beleg dafür, daß ICH eine wichtige Erfahrung gemacht habe: Ich bin geliebt, jemand behandelt mich gut. Und solche Erfahrungen bedeuten nicht nur Glück für den Augenblick, sondern formen, prägen mich auf Dauer hin zu einer besseren Lebenseinstellung.

Gott, ich will dir ganz bewußt danken für dein gutes Wirken an mir. Amen.

9. Juli

Er gebe uns ein fröhliches Herz und verleihe immerdar Frieden, und daß seine Gnade stets bei uns bleibe und uns erlöse, solange wir leben. (Sir 50, 25.26; LB)

Fröhliches Herz, Friede, Gnade, Erlösung – das sind Schlüsselworte, auf die unsere tiefste Sehnsucht sofort reagiert. Und wo anders kann diese Sehnsucht gestillt werden als bei dem Gott, der die Welt und uns in Liebe erschaffen hat und erhält!
Wahrer Glaube an ihn, das Leben, die Liebe, führt nie und nimmer zu gequältem Geducktsein, sklavischer Abhängigkeit, willenlosem Befolgen von Geboten. Gott hat uns wunderbar erschaffen und unsere Würde in Christus noch wunderbarer erneuert – wir sind freie, aufrechte Menschen, geborgen in Gott.

Gott, bleib mit deinem Erbarmen bei mir. Amen.

10. Juli

Danket dem HERRN; denn er ist freundlich, und seine Güte währet ewiglich. So sollen sagen, die erlöst sind durch den HERRN, die er aus der Not erlöst hat: die sollen dem HERRN danken für seine Güte und für seine Wunder, die er an den Menschenkindern tut, daß er sättigt die durstige Seele und die Hungrigen füllt mit Gutem. (Ps 107, 1.2.8–9; LB)

Könnte es sein, daß ich zu sehr auf die Schattenseiten meines Lebens starre, kaum noch etwas anderes wahrnehme und deshalb mit griesgrämigem Gesicht herumlaufe?
Wäre es nicht gut, auf die kleineren und größeren Liebeserweise Gottes zu achten, die ich täglich erfahren darf – wo ich etwas Gutes erlebe, wo ich bei mir oder anderen eine Erlösung, Verbesserung, Bereicherung, Beglückung wahrnehme – bewußt wahrnehme, so daß es ein Lächeln in mein Gesicht bringt und ich danken kann?

Gott, gib mir einen besseren Blick für das Gute und Schöne im Leben. Amen.

11. Juli

Mein Herz ist ruhig geworden, Gott, mit einem Lied will ich dich preisen. Harfe und Laute, wacht auf, denn heute will ich die Sonne wecken! Deine Güte ist größer als der Himmel, und deine Treue reicht so weit wie die Wolken! Gott, überstrahle den Himmel mit deiner Herrlichkeit! (Ps 108, 2.3.5.6; GN)

Sich eingehüllt fühlen in Gottes Güte, in ihr aufblühen, voll und ganz im schönen Augenblick leben, die vergangene Nacht und alles Bevorstehende einmal beiseite lassen, einfach dankbar und glücklich den Moment auskosten – und dann von diesem Frieden, von dieser Freude Kraft mitnehmen für das Kommende.

Gott, laß mich erfüllende Augenblicke wirklich genießen. Amen.

12. Juli

Gott, mein Ruhm, schweige nicht! Denn sie haben ihr gottloses Lügenmaul wider mich aufgetan, streiten wider mich ohne Grund. Meine Widersacher sollen mit Schmach angezogen und mit ihrer Schande bekleidet werden. (Ps 109, 1.2.3.29; LB)

Zorn, böse Wünsche angesichts von Verletzungen – völlig natürlich! Selbstbetrug, es zu verleugnen – ungesund, es zu verdrängen – dann wächst aus Zorn dumpfe Wut, zerstörerisch für mich und andere. Zerstörerisch wird´s aber auch, wenn ich den Zorn zulasse und dabei überreagiere.
Der gute Weg: Den Zorn intensiv und bewußt fühlen – dadurch verfliegt er oft schon, kann dem Mut zur Veränderung weichen. Oder, wo nötig und möglich, ein deutliches, klärendes Wort, das Luft abläßt, ohne selbst zu verletzen, vielleicht sogar Wunden beseitigt. Die Sonne versinkt nicht über meinem Zorn, und der Zorn war heilsame, befreiende Kraft.

Gott, hilf mir, mit meinen Aggressionen richtig umzugehen – ohne Verdrängung, doch auch, ohne ihnen bis ins Losbrüllen und Losschlagen hinein ausgeliefert zu sein. Amen.

13. Juli

So spricht der Herr zu meinem Herrn: Setze dich mir zur Rechten, und ich lege dir deine Feinde als Schemel unter die Füße. Dein ist die Herrschaft am Tage deiner Macht, (wenn du erscheinst) in heiligem Schmuck. (Ps 110, 1.3; EÜ)

Um uns herum Gewalt, Unterdrückung, Krieg, Feindschaft. Und nun will – erschreckende Aussichten – auch Gott noch an dieser elenden Spirale mitdrehen? Nein – und ganz im Gegenteil: tröstliche Aussichten!
Am Ende wird die alles bezwingende Kraft göttlicher Liebe siegen – wenn Christus wiederkommt, wird alles Lebensfeindliche, Bedrohliche zunichte werden, auch der ärgste Feind des Lebens, der Tod. Wir brauchen uns nicht ängstlich zu ducken, sondern dürfen mit hoffnungsvollem Zukunftsblick heute schon dem Lebensfeindlichen widerstehen.

Gott, es ist gut für mich zu wissen, daß deine Liebe stärker ist als jeder Haß, jede Dunkelheit. Amen.

14. Juli

Die Furcht des HERRN ist der Weisheit Anfang. (Ps 111, 10; LB)

Gottesfurcht ist kein panikartiges Entsetzen, sondern Ehrfurcht, Anerkennung Gottes als des Ganz-anderen, des All-Heiligen, der Lebensfülle. Dies als Tatsache respektvoll anzuerkennen, bedeutet in der Konsequenz: Respekt vor seinem Wort, Streben nach der Liebe, nach der Fülle des Lebens.
Mit der Ehrfurcht vor Gott beginnt die wahre Lebenskunst – ich überhebe mich nicht, mache mich nicht selbst zu Gott, bemühe mich zugleich aber auch, nicht unter meinen Möglichkeiten zu bleiben.

Gott, laß mein Leben aus dem heiligen Respekt vor dir heraus gelingen. Amen.

15. Juli

Den Frommen geht das Licht auf in der Finsternis von dem Gnädigen, Barmherzigen und Gerechten. Wohl dem, der barmherzig ist und gerne leiht. Er streut aus und gibt den Armen; seine Gerechtigkeit bleibt ewiglich. (Ps 112, 4.5.9; LB)

Barmherzigkeit – das ist in einer erkaltenden Welt zum Fremdwort geworden. Barmherzigkeit bedeutet, ein pulsierendes Herz zu haben, ein liebevolles Herz für alle, die im Elend stecken, ihnen nach Kräften zu helfen. Gott wendet sich mir beständig in Liebe zu – wenn ich das weiß und spüre, dann verspüre ich meinerseits liebevolle Zuneigung zu Gott und den Menschen und bin – über das Gefühl hinaus – bewußt für sie da.
Barmherzig sein heißt, Nächstenliebe umfassend leben, die entscheidende Tatkraft mit einem herzlichen Gefühl verbinden. Ich stehe im Licht göttlicher Barmherzigkeit und strahle dieses Licht aus.

Gott, gib mir ein weiches, weites Herz und zupackende, helfende Hände. Amen.

16. Juli

Der Herr ist erhaben über alle Völker, und seine Herrlichkeit über die Himmel! Wer ist dem Herrn gleich? Ihm in der Höhe, der aus dem Staub den Geringen aufrichtet. (Ps 113, 4.5.6.7; ZB)

Gottes Unbegreiflichkeit und Andersartigkeit, Gottes Hoheit bedeutet Ferne. Zugleich aber ist er denen im Staub ganz nah, liegt sogar selbst, als Mensch, im Staub des Kreuzweges, um uns zu erheben. Gott ist fern und nah zugleich – und seine Größe wird gerade und ausgerechnet darin deutlich, daß er aus grenzenloser Liebe zu uns ein kleines Menschenkind wird, damit wir zum Leben zurückfinden.

Gott, ich danke dir, daß du in deiner Hoheit dich erniedrigst, um mich Niedrigen zu erhöhen. Amen.

17. Juli

Als Israel aus Ägypten zog, das Haus Jakobs vom fremden Volk, da wurde Juda sein Heiligtum, Israel sein Königeich. Das Meer sah es und floh, der Jordan wandte sich zurück. Die Berge hüpften wie die Lämmer, die Hügel wie die jungen Schafe. Vor dem Herrn erbebe, du Erde, vor dem Gott Jakobs, der den Felsen wandelte in einen See und die Steine in Wasserquellen. (Ps 114, 1–4.5–8; LB)

Die Entscheidung für das Neue, Unbekannte ist gar nicht so einfach – es ist schwer, sich von Altem zu trennen, mag das Gewohnte auch belastend sein – es macht Angst, ins Unbekannte, Ungewohnte aufzubrechen. Und doch: Nur so geht´s wirklich weiter.
Mit Gottvertrauen sich immer wieder mutig ins Neue, ans Neue zu wagen, bedeutet, die Chance zu erleben: Belastendes, Schweres wird leicht und fließend, frische Quellen sprudeln, Liebe und Friede erblühen, beglückende Wunder geschehen.

Gott, laß mich offen sein für Neues. Amen.

18. Juli

Ihre Götzen, ein Machwerk von Menschenhänden. Sie haben einen Mund und können nicht reden, haben Augen und können nicht sehen; sie haben Ohren und hören nicht, haben eine Nase und riechen nicht, geben auch keinen Laut mit ihrer Kehle. Ihnen werden gleich sein, die sie machen, alle, die auf sie vertrauen. Israel, vertraue auf den Herrn! Er ist ihre Hilfe und ihr Schild. (Ps 115, 4.5–6.7.8–9; ZB)

Die Seele kann vergiftet sein mit falschen, anerzogenen Vorstellungen von einem tyrannischen Gott – ein Götze, ohne richtiges Leben – du fühlst dich ihm ausgeliefert, von ihm unterdrückt, eingeengt, an der eigenen Entfaltung gehindert. Der leblose Götze hat also dennoch unheilvolle Macht über dich – läßt dich ebenfalls leblos werden. Da bleibt nur eins: Hinwendung zum befreienden, liebenden, dich akzeptierenden, wahren Gott und mit seiner Hilfe die zerstörerischen Gottesbilder in dir ausrotten – endlich aufatmen, aufleben!

Gott, erlöse mich von versklavenden Götzenbildern. Amen.

19. Juli

Voll Liebe, voll Erbarmen ist unser Gott. Der Herr läßt die Seinen nicht untergehen, dafür ist ihm ihr Leben zu wertvoll. Herr, ich gehöre dir mit Leib und Leben; darum hast du mich vom Tod befreit. Preist den Herrn – Halleluja! (Ps 116, 1.5.15–16,19; GN)

Aus Angst, sonst ein Nichts im Weltall zu sein, versuchen viele Menschen, sich selbst zum Mittelpunkt der Welt zu machen, kreisen wie wild um ihr Auskommen und Aussehen und Ansehen. Solche Angst brauche ich nicht zu haben: Ich weiß, daß ich nicht der Nabel der Welt, doch von Gott unendlich geliebt bin – ich persönlich bin ihm so wertvoll, als gäbe es nichts Wertvolleres im Weltall.
Gott setzt seine Hoffnung auf mich, hat Geduld mit mir, hilft mir auf – und deshalb darf ich es wagen, darf mich selber wagen: hin auf ein gutes, gelingendes Leben.

Gott, ich freue mich, in diesem riesigen Universum dir wertvoll zu sein und frei von Angst vor Bedeutungslosigkeit das Leben, die Liebe wagen zu dürfen. Amen.

20. Juli

Lobet den Herrn, alle Völker! Preiset ihn, ihr Nationen alle! Denn mächtig waltet über uns seine Güte und die Treue des Herrn bis in Ewigkeit. Hallelujah! (Ps 117, 1–2; ZB)

Gottes Güte ist kein laues Lüftchen, sondern hat etwas Stürmisches, Mitreißendes, Leidenschaftliches – und sie ist keine Tageslaune – sondern eine beständige Güte, eine zuverlässige Leidenschaft für mich, in Zeit und Ewigkeit – Gott ist treu, ich kann fest auf ihn bauen – Gottes Treue ist der Grund meines Gottvertrauens.

Gott, es ist schön, daß ich mich auf dich verlassen kann, mag auch alles andere um mich herum keine Dauer haben. Amen.

21. Juli

Dankt dem Herrn, denn er ist gut zu uns, seine Liebe hört niemals auf! Alle, die den Herrn verehren, sollen rufen: „Seine Liebe hört niemals auf!" Ich muß nicht sterben, ich darf weiterleben und erzählen, was der Herr getan hat. Du bist mein Gott, und ich danke dir; mein Gott, ich will dich preisen! Dankt dem Herrn, denn er ist gut zu uns, seine Liebe hört niemals auf! (Ps 118, 1.4.17.28–29; GN)

Wir brauchen Liebe, müssen sie verspüren, um wirklich zu leben, um zu erblühen. Wer sich ungeliebt fühlt, verdorrt und wird für andere ungenießbar. Bin ich mir eigentlich oft genug bewußt, daß ich jeden Tag, jede Sekunde geliebt bin – von Gott? Daß ich diesem Gott unendlich viel bedeute?
ICH BIN GELIEBT! Dies zu wissen, gibt mir ein gutes Gefühl und macht mich menschlicher – und auch wenn ich falle, um mich beiße, umfängt mich Gott mit Zuneigung und herzlicher Wärme und hilft mir auf. ICH BIN GELIEBT!

Gott, laß mich deine Zuneigung zu mir bewußter wahrnehmen. Amen.

22. Juli

O Glück ihrer, die schlichten Wegs sind, die in SEINER Weisung gehn. Mit all meinem Herzen frage ich dir nach – von deinen Geboten laß mich abirren nimmer! (Ps 119, 1.10; DS)

Sollen wir dumm und naiv etwas Frommes nachplappern oder Gebote befolgen, schlicht im Geist?
Nein, sondern wir sollen gradlinig und ungekünstelt den ebenen Weg gehen – den Weg, auf dem wir anderen und uns selbst keine Felsbrocken in den Weg legen, keine Fallgruben ausheben – den Weg des Friedens, des Streit-Schlichtens – den ebenen, schlichten, einfachen Weg, der dennoch nicht einfach ist – aber zu schaffen, wenn wir uns mit aller Kraft immer neu auf Gott und seine Weisungen besinnen – den schlichten, erfüllenden Weg.

Gott, laß mich das Glück des richtigen Wegs erfahren. Amen.

23. Juli

Ich rief zum Herrn in meiner Not, und er hat mich erhört. Ich muß schon allzu lange wohnen bei Leuten, die den Frieden hassen. Ich verhalte mich friedlich; doch ich brauche nur zu reden, dann suchen sie Hader und Streit. (Ps 120, 1.6–7; EÜ)

Du bemühst dich, gut zu sein, wirst aber angefeindet. Undank ist dein Lohn, und du fühlst dich der Situation ohnmächtig ausgeliefert. Doch du bist nicht hilflos: Vertrau dich deinem Gott an, warte auf seinen Beistand, begegne den Streithähnen, den Schreihälsen, den Wütenden mit starker Liebe – die Kraft des Gottvertrauens, die Kraft Gottes, die Kraft der Liebe macht dich stark!

Gott, laß mich begreifen, daß ich nie hilflos bin. Amen.

24. Juli

Ich hebe meine Augen auf zu den Bergen: woher wird mir Hilfe kommen? Meine Hilfe kommt von dem Herrn, der Himmel und Erde gemacht hat. Er schlummert nicht und schläft nicht, der Israel behütet. Der Herr ist dein Hüter, der Herr dein Schatten, er geht zu deiner Rechten. Der Herr behütet deinen Ausgang und Eingang, jetzt und immerdar. (Ps 121, 1–2.4.5.8; ZB)

Ich schaffe alles allein! Oft denke ich so – wende mich hin zu jenem Berg, auf dem der Götze maßloser Selbstüberschätzung angebetet wird – ich selbst nur kann mich retten, mir helfen! – und bin auch dann zu stolz, um Hilfe zu bitten, wenn ich merke: Ich pack's nicht! Warum finde ich nicht aus dem Bewußtsein heraus, daß Gott mein ständiger, liebevoller Wegbegleiter ist, zu einer ganz unverkrampften Haltung des Bittens um Hilfe? Zu einer heiteren Gelassenheit, die meine Schwächen annimmt und zugleich auf Gottes helfende Kraft baut?

Gott, mach mich dankbar und empfänglich für das Angebot deines Beistands. Amen.

25. Juli

Zu singen auf dem Weg nach Jerusalem. Wie habe ich mich gefreut, als man zu mir sagte: „Wir gehen zum Haus des Herrn!" Nun sind wir angelangt und stehen in Jerusalem. Du herrliche Stadt, zu dir ziehen sie in Scharen, die dem Herrn gehören. (Ps 122, 1.2.3.4; GN)

Wir sind nicht ewig auf der Erde, sondern unterwegs zur ewigen Stadt Gottes, dem neuen Jerusalem. Pilger brechen täglich neu auf. Sie klammern sich nie zu fest an etwas, außer an ihr Ziel. Pilger drehen sich nicht im Kreis, sondern gehen frohgemut geradeaus, belasten sich nicht mit zuviel Marschgepäck. Sie wissen sich in den Mühsalen ihres Weges nicht alleingelassen.
Pilger tun alles, um das Ziel zu erreichen, was für uns heißt: alles tun im Blick auf Glaube und Hoffnung, auf Liebe zu Gott und Menschen.

Gott, stärke mein Bewußtsein, daß mein Leben kein sich immer wiederholender Kreislauf ist, sondern ich unterwegs bin zu einem großen Ziel. Amen.

26. Juli

Ich hebe meine Augen auf zu dir, der du im Himmel wohnest. Siehe, wie die Augen der Knechte auf die Hände ihrer Herren sehen, wie die Augen der Magd auf die Hände ihrer Frau, so sehen unsere Augen auf unseren Gott, bis er uns gnädig werde. (Ps 123, 1-2; LB)

Wir sind freie Menschen, keine Roboter, können uns auch frei für oder gegen Gott entscheiden. Wenn wir uns für Gott entscheiden, begreifen wir, daß wir von Gott abhängig sind – nur mit ihm, durch ihn können wir leben, erfüllt leben. Das ist aber keine kriecherische Abhängigkeit, sondern eine mit selbstbewußt erhobenem Haupt.
Wir brauchen die Hand unseres Gottes, erwarten von ihr Weisungen zum Leben, Hilfe zum Leben – können und dürfen Gott auch hartnäkkig an seine Liebe erinnern und unverzagt warten – bis er hilft.

Gott, ich preise dich, weil meine Abhängigkeit von dir nichts als Befreiung und Leben bedeutet. Amen.

27. Juli

Gelobt sei der HERR, daß er uns nicht gibt zum Raub in ihre Zähne! Unsere Seele ist entronnen wie ein Vogel dem Netz des Vogelfängers; das Netz ist zerrissen, und wir sind frei. Unsere Hilfe steht im Namen des HERRN, der Himmel und Erde gemacht hat. (Ps 124, 6–8; LB)

Dem Leben zurückgegeben zu sein – nach körperlicher oder seelischer Bedrängnis –, ist ein beglückendes Gefühl; und die Zeit danach wird bewußter wahrgenommen, als etwas Wertvolles, als eine Chance zum vertieften Leben.
Und dann kann es passieren, daß wir all dies ganz spontan als Geschenk empfinden, als eine Gabe von Gottes Güte, und daß unsere Freude ins Lob Gottes übergeht. Dies ist das reine, das nicht angeordnete, unser echtes Gotteslob.

Gott, laß mein Lob ehrlich sein, aus frohem und vollem Herzen kommen. Amen.

28. Juli

Die auf den HERRN hoffen, werden nicht fallen, sondern ewig bleiben wie der Berg Zion. (Ps 125, 1; LB)

Hoffnung – von der Zukunft einiges erwarten, ohne Gewißheit, daß es tatsächlich eintreten wird – weil es sein kann, daß die Mittel nicht reichen. Wesentlich anders die Hoffnung aus dem Glauben als vertrauensvolle Gewißheit, daß etwas eintreten wird, daß Gott tatsächlich eingreifen, mein Leben verändern, die Welt vollenden wird.
Und sie nährt sich daraus, daß Gott mir schon geholfen hat und ich ein Stück der Erfüllung, der Ewigkeit, bereits in mir trage. Meine Hoffnung, sagt der Glaube, kann nicht enttäuscht werden, und so warte ich in Geduld.

Gott, hab Dank, daß meine Hoffnung nicht ins Leere läuft. Amen.

29. Juli

Wenn der Herr die Gefangenen Zions erlösen wird, so werden wir sein wie die Träumenden. Dann wird unser Mund voll Lachens und unsere Zunge voll Rühmens sein. (Ps 126, 1.2; LB)

Wach ich oder träum ich? Das schießt einem in beglückenden Augenblicken durch den Kopf – ein überwältigendes Naturereignis, eine rundum erfüllte Lust, eine Befreiung aus Abhängigkeiten. Wobei ich eigentlich weiß, daß ich wach bin, daß es Wirklichkeit ist.
Und: Diese schönen Augenblicke sind nur Vorahnungen, Bruchstükke einer vollkommenen Freude, meiner Vollendung bei Gott. Und dann, frei von irdischen Fesseln, werde ich mich erst recht fragen: Wach ich oder träum ich? Und auch dann wird es Wirklichkeit sein.

Gott, ich freue mich, weil auf mich die vollkommene Freude wartet. Amen.

30. Juli

Wenn der Herr nicht das Haus baut, so mühen sich umsonst, die daran bauen; wenn der Herr nicht die Stadt behütet, so wacht der Hüter umsonst. Es ist umsonst, daß ihr früh aufsteht und spät euch niedersetzt und euer Brot in Mühsal eßt – den Seinen gibt er´s im Schlaf. (Ps 127, 1–2; ZB)

Vieles kann für uns zum Götzen werden: eigenes Können und Wissen, Ideologien, Menschen, ruheloses Streben nach mehr Geld und Macht, nach Sicherheit. Wenn wir unseren Götzen hinterherlaufen, dann sind wir auf der falschen Spur – das Glück, das Leben, das wir erhoffen, finden wir nicht.
Erwarten wir aber unser Heil von Gott, wird unser Lebenshaus größer, schöner, bis hin zur Vollendung – haben wir Geborgenheit, erkennen wir, daß nicht unser, sondern Gottes Wirken entscheidend ist – sogar im Schlaf werden wir beschenkt.

Gott, ich danke dir, daß ich von dir allen Segen erwarten darf. Amen.

31. Juli

Wie glücklich ist jeder, der den Herrn achtet und ehrt und sich nach seinen Geboten richtet! Was deine Arbeit dir eingebracht hat, das wirst du auch genießen. Es ist gut um dich bestellt! Glück und Frieden komme über Israel! (Ps 128, 1.2.6; GN)

Wenn ich mich an Gottes Weisungen ausrichte, dann schaffe ich mit seinem Segen Gutes für mich und andere. Ich kann stolz darauf sein. Und ich bin kein griesgrämiger Kostverächter, sondern koste meine Erfolge, materielle und geistige, auch den von mir gestifteten Frieden aus. Voll und ganz, doch nicht maßlos, genieße ich Freuden des Lebens, die selbstbewirkten und die mir von Gott direkt oder durch anderer Menschen Wirken geschenkten.
Ich tue mir Gutes – ein tief verankertes menschliches Bedürfnis und ein Zeichen dafür, daß ich mich göttlich geliebt weiß. Außerdem würde ich sonst ungenießbar für meine Mitmenschen.

Gott, hilf mir, daß ich Lebensfreude und sinnliche Erfahrungen nicht vernachlässige. Amen.

1. August

Sie haben mich oft bedrängt von meiner Jugend auf; aber sie haben mich nicht überwältigt. Die Pflüger haben auf meinem Rücken geackert und ihre Furchen langgezogen. Der HERR, der gerecht ist, hat der Gottlosen Stricke zerhauen. (Ps 129, 2–4; LB)

Das „Aber" des Glaubens, der Hoffnung, der guten Zuversicht, des Staunens: Ich habe schon viel einstecken, viel Leid erfahren müssen – ABER Gott hat geholfen! Meine Seele ist belastet, mein Körper ist nicht voll auf der Höhe – ABER Gott hilft! Ich werde auch weiterhin manche Not erfahren – ABER Gott wird helfen! Ich werde sterben – ABER Gott wird mir zum ewigen Leben aushelfen!

Gott, ich danke dir, daß du allem Nein, allem Zerstörerischen, dein Ja zu mir, deine Befreiung entgegensetzt. Amen.

2. August

Aus der Tiefe rufe ich, HERR, zu dir. Herr, höre meine Stimme! Wenn du, HERR, Sünden anrechnen willst – Herr, wer wird bestehen? Meine Seele wartet auf den Herrn mehr als die Wächter auf den Morgen. Denn bei dem HERRN ist die Gnade und viel Erlösung bei ihm. Und er wird Israel erlösen aus allen seinen Sünden. (Ps 130, 1.2.3.6.7.8; LB)

Sünde ist das, wodurch ich hoch hinaus will und tief falle – eine bewußte, aus freier Entscheidung begangene Verfehlung gegen Glaube, Hoffnung und Liebe.
Es ist schwer, neu zu beginnen – gerade, weil der erste Schritt schon so schwierig ist: mein tägliches Versagen, meine Schuld, ohne Selbstrechtfertigung klar einzugestehen – vor mir, vor anderen, vor Gott, dessen Weisungen ich durch jede Sünde mißachte. Dabei kann er und er allein Sünde vergeben, Neuanfang ermöglichen. Seine Liebe ist immer größer als meine Schuld, und seine Liebe kann ich nie verlieren.

Gott, laß mich nicht oberflächlich leben, sondern meine Fehler erkennen und mit dir neu anfangen. Amen.

3. August

Fürwahr, meine Seele ist still und ruhig geworden wie ein kleines Kind bei seiner Mutter; wie ein kleines Kind, so ist meine Seele in mir. Israel, hoffe auf den HERRN von nun an bis in Ewigkeit! (Ps 131, 2–3; LB)

Die Augen entspannt schließen, Gottes behütende Arme um sich herum spüren, den kräftigen Herzschlag seines liebenden Herzens wohltuend hören und seine leise, beruhigende Stimme: „Hab keine Angst – ich bin bei dir – du bist geborgen – alles wird gut!"

Gott, ich freue mich über mein Geborgensein bei dir. Amen.

4. August

Laßt uns ziehen zu seiner Wohnung, niederfallen vor dem Schemel seiner Füße. Denn der Herr hat Zion erwählt, als Wohnung für sich erkoren. – Dies ist meine Ruhstatt für und für; hier will ich wohnen. (Ps 132, 7.13.14; ZB)

Wo Gott ist, da ist der Himmel – wo der Himmel ist, da ist Gott – nicht über den Wolken, den Sternen, sondern überall – als goldener Hintergrund der Welt und unseres Lebens. Gott ist überall gegenwärtig. Doch es gibt Gelegenheiten, wo wir Gott, wo wir Christus zu unserem Heil sozusagen verdichtet erfahren dürfen: im Gotteshaus – in der Versammlung der Gläubigen – in heiliger Schrift und heiligen Zeichen – in heiligem Schweigen.
Dennoch: Auch diese besondere Nähe macht Gott für uns nicht faßbar – wir sind nur am Schemel seiner Füße.

Gott, ich danke dir für die Möglichkeiten, deine heilsame Nähe besonders intensiv zu erfahren. Amen.

5. August

Wie wohltuend, wie schön, wenn Brüder beieinander bleiben und sich gut verstehen! Das ist wie erfrischender Tau vom Hermon, der sich niedersenkt auf den Zionsberg (Ps 133, 1.3; GN)

In der Dürre unserer Lieblosigkeit um den Tau aus Himmelshöhen bitten: Gottes belebenden Heiligen Geist der Liebe, der einzig imstande ist, unsere vertrockneten, verstaubten Herzen neu aufblühen zu lassen, glückende menschliche Gemeinschaft zu verwirklichen: Miteinander wie gute Geschwister umgehen – liebevoll, teilend, tragend, fördernd, aufmunternd, sich auch im Anderssein respektierend, leidenschaftlich diskutierend, um die Wahrheit kämpfend, ohne einander zu verletzen – und so Hand in Hand, Herz an Herz vorwärtskommen.

Gott, schenk mir durch mein und anderer Zutun die stärkende Erfahrung geschwisterlicher Gemeinschaft. Amen.

6. August

Wohlan, nun preiset den Herrn, all ihr Knechte des Herrn, die ihr steht im Hause des Herrn, zu nächtlicher Stunde. Erhebt eure Hände zum Heiligtum, und preiset den Herrn! Es segne dich der Herr vom Zion her, (der Herr,) der Himmel und Erde gemacht hat. (Ps 134, 1–3; EÜ)

Erhebt eure Hände – erhebt eure Herzen – löst euch immer wieder, sei es Tag, sei es Nacht, aus den Niederungen und Einengungen eurer Endlichkeit – wachst in himmlischer Sehnsucht über euch hinaus – berührt die Höhen und Weiten der Unendlichkeit – spürt und preist die Größe und Liebe Gottes, laßt euch von ihm mit Frieden erfüllen – wachst dann in der Liebe zu Gottes Schöpfung über euch hinaus!

Gott, laß meinen Blick immer wieder zum Himmel und dann zurück zur Erde gehen. Amen.

7. August

Preiset oh Ihn! – Haus Jifsraels, segnet IHN! – Haus Aharons, segnet IHN! – Haus des Lewi, segnet IHN! – Ihr IHN Fürchtenden, segnet IHN! Gesegnet vom Zion her ER, der einwohnt in Jerusalem. Preiset oh Ihn! (Ps 135, 1.19–21; DS)

Daß Gott uns segnet, ist uns geläufig. Wie aber sollen wir Gott segnen? Segnen bedeutet: Zuwendung aus liebendem Herzen – Wärme – Wohltun. So liebt, so segnet, so beschenkt Gott uns – täglich. Doch Segen darf keine Einbahnstraße sein – wir sollen Gott segnen, uns ihm aus liebendem und dann auch mit lobendem Herzen zuwenden – um seiner Größe, seiner Liebe, seines Segens willen.
Damit tun wir Gott – menschlich gesprochen – wohl. Und Gottes Freude ist vollkommen, wenn wir auch die Menschen segnen, uns ihnen herzlich zuwenden.

Gott, mach mich zum Segen für dich und meine Mitmenschen. Amen.

8. August

Danket dem Herrn, denn er ist freundlich. Ja, seine Güte währet ewig! der die Himmel mit Weisheit geschaffen, ja, seine Güte währet ewig! der sein Volk durch die Wüste führte, ja, seine Güte währet ewig! der in unsrer Niedrigkeit unser gedachte, ja, seine Güte währet ewig! der Speise gibt allem Fleisch. Ja, seine Güte währet ewig! Danket dem Herrn des Himmels! Ja, seine Güte währet ewig! (Ps 136, 1.5.16.23.25–26; ZB)

Gott ist kein abstraktes, nebulöses Etwas, das unbeteiligt von fern das Weltgeschehen betrachtet – da pulsiert vielmehr ein übervolles Herz der Liebe, das lebenzeugend, befreiend, sättigend mitmischt in der Geschichte der Welt, in der Geschichte unseres Lebens.
Ohne Unterlaß ist alles durchwoben von Gottes gütiger Hinwendung zu uns – und wenn ich mir diese immerwährende Güte immer wieder bewußt mache, kann ich mit einem Lächeln durchs Leben gehen.

Gott, ich freue mich in deiner Güte. Amen.

9. August

Wenn ich dich je vergesse, Jerusalem, dann soll mir die rechte Hand verdorren. Die Zunge soll mir am Gaumen kleben, wenn ich an dich nicht mehr denke, wenn ich Jerusalem nicht zu meiner höchsten Freude erhebe. (Ps 137, 5–6; EÜ)

Wer die heilige Stadt aus den Augen, wer die Heimat, die Verwurzelung in Gott verliert, ist sich selbst der größte Feind. Wer in allen Lebensbrüchen und Lebensumbrüchen unverbrüchlich an Gott festhält, tut sich selbst den größten Gefallen.
Doch um das zu erkennen, muß ich erst einmal erkennen, welche Bedeutung, welche Lebensnotwendigkeit Gott für mich hat, was ich ihm verdanke – um dann zu begreifen, wie schädlich es ist, Gott zu vergessen, ihn in meinen Geschäftigkeiten, Nöten und Freuden links liegen zu lassen.

Gott, hilf mir, daß meine Beziehung zu dir dauerhaft ist. Amen.

10. August

Du hast die Worte meines Mundes gehört. Du hast mich erhört an dem Tag, als ich rief; du gabst meiner Seele große Kraft. (Ps 138, 2.3; EÜ)

Oft genug ist mein Beten, mein Reden mit Gott, eigentlich nur ein Gespräch mit mir selbst, oft genug auch ist es nur leere Floskel.
Ich bete zu wenig in dem Gefühl, in dem Vertrauen, daß da wirklich ein persönliches „Du" für mich da ist, daß mein Gebet, mein Loben, mein Bitten, tatsächlich einen Ansprechpartner hat, ein offenes Ohr findet – daß meine Bitten erhört werden, auf welche Weise auch immer, aber immer mir zugute.

Gott, mach mein Gebet zu einem echten, vertrauensvollen Gespräch mit dir. Amen.

11. August

Herr, du erforschest mich und kennest mich. Ich sitze oder stehe, so weißt du es; du verstehst meine Gedanken von ferne. Von allen Seiten umgibst du mich und hältst deine Hand über mir. Nähme ich Flügel der Morgenröte und bliebe am äußersten Meer, so würde auch dort deine Hand mich führen und deine Rechte mich halten. (Ps 139, 1–2.5.9; LB)

Gott überall um mich herum – Beängstigung oder Trost? Gott, der alles Sehende, ein mich ständig Kontrollierender? Das bedrückt, zerstört innerlich.
Doch es geht weniger darum, daß ich vor Gott nichts verbergen kann, sondern darum, daß ich vor ihm gar nichts zu verbergen brauche – seine Liebe umhüllt mich, umarmt mich, ohne mich zu erdrücken, sagt Ja zu mir, zu meiner Freiheit, nimmt mich auch mit meinen Schattenseiten an, ich darf in ihm leben, ohne Angst aufleben, nichts Menschliches ist ihm fremd – wunderbar und tröstlich zu wissen!

Gott, ich danke dir für deine beglückende Nähe und Liebe. Amen.

12. August

Die Frommen werden vor deinem Angesicht bleiben. (Ps 140, 14; LB)

Frömmigkeit – das hat bei uns einen unangenehmen Beigeschmack – wir verbinden es schnell mit unschuldigem, aber falschem Augenaufschlag, mit äußerlichem frömmelnden Gebaren, mit Heuchelei. Doch ein frommer Mensch, das ist der, der aus Überzeugung und überzeugend mit liebendem Herzen für Gott und Menschen da ist. Frömmigkeit ist das starke „Ja“ zu Gott und zum Menschen – und wer dieses „Ja“ spricht, wer sein Herz nicht verhärtet, zu dem wird Gott in Ewigkeit sein „Ja“ sprechen.

Gott, laß meine Frömmigkeit echt sein. Amen.

13. August

Herr, ich rufe dich an, eile zu mir; o höre meine Stimme, wenn ich zu dir rufe. Setze, o Herr, eine Wache meinem Munde und eine Hut der Tür meiner Lippen. Laß mein Herz sich nicht neigen zum Bösen, daß ich gottlose Taten beginge mit Menschen, die Übles tun. (Ps 141, 1.3.4, ZB)

Nicht sorglos, achtlos, gedankenlos mit meinem Leben umgehen und immer wieder mitten im lieblosen Tun stecken – sondern mir deutlich bewußt machen, daß ich Verantwortung für mein Leben trage, daß ich selbst mich für das Gute oder das Böse entscheiden kann und muß – ein Gespür dafür entwickeln, wann ich auf der Kippe stehe, wann ich in Gefahr bin, andere zu verletzen – und dann mit Gott Hilfe und kraftvoll mir ein Herz für die Liebe nehmen.

Gott, fördere mein Bemühen um das Gute. Amen.

14. August

Meine Stimme zu IHM – ich schreie, meine Stimme zu IHM – ich flehe. Ich schütte vor ihn meine Klage, meine Drangsal melde ich vor ihm: Wann in mir mein Geist verzagt, du bists doch, der meine Bahn weiß. Die Zuflucht ist mir verloren, nach meiner Seele fragt keiner. Zu dir habe ich aufgeschrien, DU. Hole mich aus dem Verschluß meiner Seele, deinem Namen zu danken. (Ps 142, 2–3.4.5.6.8; DS)

Wir mögen zwar häufig machtlos sein, aber hilflos sind wir nie. Unsere Machtlosigkeit zuzugeben, fällt uns nicht leicht. Doch dies allein eröffnet uns Chancen nach vorne hin.
Daß wir uns also in bestimmten Situationen, aus denen wir uns allein nicht retten können, überhaupt nichts vormachen – daß wir dann allerdings nicht als stille, gequälte Dulder resignieren, sondern Gott um Rettung angehen und mit seiner Hilfe emporkommen, in seiner Kraft unsere eigene Stärke neu fühlen, zumindest unsere innere Einstellung ändern.

Gott, ich danke dir für Rettung in meiner Machtlosigkeit. Amen.

15. August

O Glück des Volkes, dessen Gott ER ist! (Ps 144, 15; DS)

Unvollkommen wie wir sind, suchen wir Vollkommenheit, vollkommenes Glück. In unserem Leben aber finden wir es nicht, finden nur Spuren dieses Glücks, können immer wieder einmal befreit aufatmen – durch Gottes Segen. Gott ist nicht wie ein Glücksbringer, der uns das volle Glück für dieses Erdenleben verheißt – wenn wir das von Gott erwarten, machen wir uns einen Götzen.
Aber und immerhin: Wo wir uns an Gott halten, dürfen wir Bewahrung erfahren, inneren Frieden, das Gefühl des Geborgenseins – Vorahnung des vollkommenen Glücks.

Gott, hab Dank, daß du mein Glück willst. Amen.

16. August

Ich breite meine Hände aus zu dir, meine Seele dürstet nach dir wie ein dürres Land. HERR, erhöre mich bald, mein Geist vergeht; verbirg dein Antlitz nicht vor mir, daß ich nicht gleich werde denen, die in die Grube fahren. Laß mich hören deine Gnade; denn ich hoffe auf dich. (Ps 143, 6–7.8; LB)

Auch wenn wir darum bitten – wir bleiben nicht grundsätzlich vor Fallstricken und tiefen Gruben bewahrt, vor Angst, Leid, Zweifel. Und unausweichlich ist das Grab. Wir wissen nicht, warum das so ist, können höchstens dunkel einen Sinn erahnen. Darauf aber vertrauen wir: Mitten in den Abstürzen des Lebens ist Gott für uns da, rettend. Jenseits aller dunklen Todesgruben schimmert das Licht des Ostermorgens. Wir sind immer neu zum Leben berufen und einmal zur vollkommenen Befreiung – Erfüllung tiefster Menschensehnsucht.

Gott, ich freue mich über alle Erlösung an Leib und Seele, die ich täglich erfahren darf. Amen.

17. August

Mein Gott, o König, ich will dich erheben, deinen Namen segnen in Weltzeit und Ewigkeit. Alletag will ich dich segnen, deinen Namen preisen in Weltzeit und Ewigkeit: „Groß ist ER und sehr gepriesen, seine Größe ist unerforschlich." (Ps 145, 1–2; DS)

Wir wissen manches von Gott – und wissen eigentlich gar nichts. Alles, was wir über Gott sagen können, ist, daß wir nichts über ihn sagen können. Gott ist Liebe, ist Schönheit – und ist doch auch nicht Liebe, nicht Schönheit – nicht im engen Rahmen menschlicher Vorstellungsmöglichkeiten, sondern diese Begrenzungen völlig sprengend: unendliche, unbegreifliche Liebe, Schönheit, Hoheit.
Was uns bleibt: Schweigen und Anbeten, jubelndes Lob.

Gott, führe mich zum Staunen über deine Größe. Amen.

18. August

Verlaßt euch nicht auf Fürsten, nicht auf Menschen, bei denen es doch keine Hilfe gibt. Wohl dem, dessen Halt der Gott Jakobs ist und der seine Hoffnung auf den Herrn, seinen Gott, setzt. Er hält ewig die Treue. Recht verschafft er den Unterdrückten, den Hungernden gibt er Brot; der Herr befreit die Gefangenen. Der Herr öffnet den Blinden die Augen, er richtet die Gebeugten auf. (Ps 146, 3.5.6.7–8; EÜ)

Da baust du auf Menschen und wirst bitter enttäuscht. Oder der Mensch, auf den du dich wirklich verlassen kannst, stirbt. Doch da sind auch Erfahrungen, die du immer wieder mit deinem Gott gemacht hast: der dich aus seelischen Fesseln geführt hat, der dich mit neuer Zuversicht gesättigt hat, der dir einen tieferen, verstehenderen Blick für die Welt gegeben hat – beglückende Erfahrungen, die dir sagen:
Da ist tatsächlich jemand, der es in Zeit und Ewigkeit gut mit dir meint, auf den du dich uneingeschränkt verlassen kannst.

Gott, ich preise dich, weil ich in dir den festen Grund habe, der den Anker meines Vertrauens ewig hält. Amen.

19. August

Stimmt dem Herrn ein Danklied an, spielt unserem Gott auf der Harfe! (Ps 147, 7; EÜ)

Wann habe ich das letzte Mal für etwas Schönes von Seiten Gottes oder der Menschen gedankt, aus Überzeugung „Danke“ gesagt? Meist sind mir solche Ereignisse zu selbstverständlich, ich bin zu gedankenlos, nehme sie gar nicht wirklich wahr.
Wenn ich das Leben richtig lebe, das Gute von Seiten Gottes oder der Menschen bewußt wahrnehme, finde ich zur Dankbarkeit und zum „Danke“.

Gott, laß mich aufmerksamer und dankbarer leben. Amen.

20. August

Preiset oh Ihn! Preist IHN, Sonne und Mond, preist ihn, alle lichten Sterne! Preist IHN, Feuer, Hagel, ihr Berge und alle Hügel, du Wildlebendes und alle Nationen! Preisen sollen sie seinen Namen. Preiset oh Ihn! (Ps 148, 1.3.7.8.9.10.11.13,14; DS)

Ein beeindruckendes Bild: Die ganze Schöpfung, Himmel und Erde, stimmt singend, donnernd, rauschend, leuchtend ein Jubellied an auf die Kraft und Herrlichkeit dessen, der sie ins Dasein gerufen und sinnvoll geordnet, sie in Schönheit als Spiegel seiner Güte erschaffen hat. Sie preist staunend die Größe Gottes – ihre vornehmste Aufgabe. Wir Menschen können dieses Lob vermindern, wenn wir gewaltsam in Gottes Schöpfung eingreifen, Leid und Zerstörung über sie bringen.

Gott, laß mich dazu beitragen, daß das Jubellied der Schöpfung ungeschmälert erklingen kann. Amen.

21. August

Halleluja – Preist den Herrn! Denn der Herr ist freundlich zu seinem Volk, er erhöht die Erniedrigten durch seine Hilfe. Alle, die zum Herrn gehören, sollen jubeln, weil er sie zu Ehren gebracht hat! Sie sollen vor Freude singen, auch in der Nacht! (Ps 149, 1.4–5; GN)

Wenn ich Gottes Zuneigung, Gottes Freundlichkeit an mir erfahre – wenn ich darin auflebe, mich wohl fühle – wenn ich darin Freude, Frieden, Zufriedenheit finde – dann sollte ich mich dieser angenehmen Gefühle nicht schämen. Ich muß nicht dauernd mit ernstem Gesicht herumlaufen in der Meinung, nur so Gott zu gefallen.
Ich darf die Ehrfurcht vor Gott nicht mit Angst vor Gott, mit sklavischem Geducktsein verwechseln. Gott liebt mich, und deshalb bin ich geradezu verpflichtet und habe das Recht, mich wohl zu fühlen – trotz aller Dunkelheiten.

Gott, hilf mir, meine guten Gefühle zuzulassen, sie zu leben. Amen.

22. August

Halleluja! Lobet Gott in seinem Heiligtum! Lobet ihn für seine Taten, lobet ihn in seiner großen Herrlichkeit! Lobet ihn mit Posaunen, lobet ihn mit Psalter und Harfen! Alles, was Odem hat, lobe den HERRN! Halleluja! (Ps 150, 1.2–3.6; LB)

Gott zu loben mit Pauken und Trompeten, wenn wir etwas Schönes erleben, wenn für uns spontan und bedenkenlos fest steht, von Gott geliebt zu sein – das ist leicht. Schwieriger: Gott zu lieben und zu loben unter Schmerzen – und trotzdem angebracht, weil Gottes Liebe uns in Dunkelheiten trägt, weil sie uns innerlich wachsen lassen können – ein leises Lob, ohne Posaunen.
Und, frei vom Blick auf uns: Der eigentliche Grund, Gott zu loben, ist seine Größe – Lob um seiner selbst, seiner Herrlichkeit willen.

Gott, laß mich die vielfältigen Gründe und Möglichkeiten erkennen, dich zu lieben und zu loben. Amen.

23. August

Dann wohnt der Wolf beim Lamm. Man tut nichts Böses mehr auf meinem ganzen heiligen Berg, denn das Land ist erfüllt von der Erkenntnis des Herrn. (Jes 11, 6.9; EÜ)

Die Vision einer in Gott vollendeten Welt. Wir sollen daran mitarbeiten, Wolf und Lamm in uns versöhnen, das Aggressive mit dem Friedfertigen. Verleugne nicht den Zorn in dir – er kocht sonst als Wut weiter, wird anderen gefährlich oder macht dich depressiv. Und Wut frißt das Friedfertige auf, deine Sanftmut ist nur noch heuchlerische Maske.
Laß beides zu, Zorn und Sanftmut – laß sie voneinander profitieren: Geäußerter Zorn bewirkt dann statt Zerstörung Klarheit in dir und um dich herum – Friedfertigkeit wird zur sanften, nicht süßlichen Stärke.

Gott, laß mich mit dem Wolf und dem Lamm in mir vernünftig umgehen – zu meinem und meiner Mitmenschen Nutzen. Amen.

24. August

Wie bist du vom Himmel gefallen, du schöner Morgenstern! Du gedachtest in deinem Herzen: „Ich will auffahren über die hohen Wolken und gleich sein dem Allerhöchsten." (Jes 14, 12.13.14; LB)

Wie tief falle ich immer wieder! Der leuchtende Morgenstern soll ich sein, soll den Glanz der Güte, das Licht der Gerechtigkeit ausstrahlen und hinweisen auf das wahre Licht, die Sonne, die alles Leben ermöglicht.
Ich aber will selbst die Sonne sein, gebe mir in Verblendung und Arroganz eigene Gesetze, gerate in Egoismus, Schuld und innere Leere, verblasse, stürze tief. Doch so tief ich auch falle, so abgrundtief ist und reicht Gottes unwiderrufliche, rettende Liebe.

Gott, bring mich wieder empor, laß mich erneut in Schönheit leuchten. Amen.

25. August

Da, SEIN Name kommt fernher, brennend sein Zorn, in der Wucht der Erhebung, seine Lippen voll Grimms, seine Zunge wie fressendes Feuer, sein Atembraus wie ein flutender Strom, der bis an den Hals langt, Stämme zu schwingen in der Schwinge des Wahns, ein irrleitender Halfter an den Backen der Völker. (Jes 30, 27.28; DS)

Unsere Gottesvorstellungen müssen wir immer wieder von der Bibel umwerfen, reinigen lassen. Gott ist Liebe – die wir aber nur menschlich denken und beschreiben können – und deshalb ist Gott zugleich nicht Liebe, nicht Liebe gemäß unserem begrenzten Denken; und Gott ist auch Zorn.
Gott ist Zorn – den wir aber nur menschlich denken und beschreiben können – und deshalb ist Gott zugleich nicht Zorn, nicht Zorn gemäß unserem begrenzten Denken; und Gott ist auch und wesentlich Liebe.

Gott, mach mich bereit, meine Vorstellungen von dir in Frage stellen zu lassen. Amen.

26. August

Da werdet ihr singen wie in der Nacht eines heiligen Festes und euch von Herzen freuen, wie wenn man mit Flötenspiel geht zum Berge des HERRN, zum Hort Israels. (Jes 30, 29; LB)

Im Singen, in der Musik können wunderbare, eigentümliche Kräfte liegen: Ich kann mir den Kummer von der Seele singen; ich kann meiner Freude den angemessenen Ausdruck verleihen; ich kann beim Hören meiner Lieblingsmusik fasziniert sein, entspannen, auftanken. Ich kann mich beim Hören eines bestimmten Musikstücks zurückerinnern an die Situation, die damit verbunden war – etwa die erste Liebe –, und in schönen Erinnerungen schwelgen. Nutze ich solche Möglichkeiten?

Gott, öffne mich für die guten Kräfte der Musik, des Gesangs. Amen.

27. August

Die Steppe soll sich freuen, das dürre Land soll glücklich sein, die Wüste soll jubeln und blühen! Ruft den verzagten Herzen zu: Faßt wieder Mut! Habt keine Angst! Dort kommt euer Gott! Er will euch befreien. Der Stumme jubelt vor Freude. In der Wüste brechen Quellen auf. Sie, die der Herr befreit hat, kehren heim. Aus ihren Augen strahlt grenzenloses Glück, Sorgen und Seufzen sind für immer vorbei. (Jes 35, 1.4.6.10; GN)

Ausgedörrte Menschenherzen, Angst, Rassismus, Gewalt, eisige Beziehungen, gequälte Tiere, verödete Natur – wohin soll das führen? Doch wenn Gott Gott ist, können Wunder geschehen – die er auch an unseren Herzen, durch unsere Hände vollbringen will.
Göttlicher Lebenstau, göttliche Wärme in unserer Welt verscheuchen Schatten des Bösen – Vereistes schmilzt, Verhärtetes bricht auf, Felsen werden zu frischen Quellen, trockenes Land erblüht – und einmal, so die Verheißung, wird es ein Land des vollkommenen Friedens geben, ohne Tränen, ohne Tod.

Gott, wirke Wunder an meinem Herzen. Amen.

28. August

Siehe, um Trost war mir sehr bange. Du aber hast dich meiner Seele herzlich angenommen, daß sie nicht verdürbe; denn du wirfst alle meine Sünden hinter dich zurück. (Jes 38, 17; LB)

Wenn ich mal wieder verstrickt bin in meine täglichen Lieblosigkeiten – wenn ich unter körperlichen oder seelischen Beschwernissen leide – wenn ich nicht aus noch ein weiß – da ist mein Gott, der mich tröstet! Der ohne große Worte leise und zärtlich nur dies eine sagt: „Ich bin bei dir, für dich da, ich helfe dir auf!"
Der mir einfach die Hand hält, meinen Kopf streichelt, mich von der Last meiner Vergangenheit befreit, mir Mut zur Zukunft gibt. Ich brauche mich nicht zu betäuben. Ich muß auch nicht klaren Kopfes, aber ungetröstet im Leiden verharren.

Gott, ich danke dir für deinen starken Trost. Amen.

29. August

Seht, Gott, der Herr, kommt mit Macht, er herrscht mit starkem Arm. (Jes 40, 10; EÜ)

Männlich–kriegerisch, beängstigend klingende Worte – und doch: Was ist das denn für eine Macht Gottes? Es ist die Allmacht der Liebe – jener Liebe, die sich für mich in die Ohnmacht des Kreuzes begibt; es ist die allumfassende Liebeskraft, die die Welt ins Dasein gerufen hat und sie durch alle Dunkelheiten in eine große Zukunft trägt.
Es ist die starke, zärtliche Liebe Gottes, die mich Menschenkind seit Mutterleib umhüllt, hegt und pflegt. Es ist die Kraft, an der ich ganz persönlich teilhabe, meine Stärkung in Schwäche, in Lieblosigkeit. Es ist die Liebesmacht, die mich auch im Tod nicht untergehen läßt.

Gott, ich freue mich über deine umfassende Liebesherrschaft, die nicht beraubt, sondern bereichert, nicht unterdrückt, sondern erhöht, nicht einengt, sondern befreit. Amen.

30. August

Er gibt dem Müden Kraft und Stärke genug dem Unvermögenden. Männer werden müde und matt, und Jünglinge straucheln und fallen; aber die auf den HERRN harren, kriegen neue Kraft, daß sie auffahren mit Flügeln wie Adler, daß sie laufen und nicht matt werden, daß sie wandeln und nicht müde werden. (Jes 40, 29–31; LB)

Dies ist die Verheißung Gottes, unsere Hoffnung: Daß wir, wie alt und grau und gebrechlich wir auch sind, neue Kräfte bekommen, innerlich Jugendfrische spüren, und uns zugleich alte Lasten genommen werden.
Daß wir uns frei erheben, auf starken Flügeln ins Neue starten: näher zu Gott – näher zu den Menschen, neue Menschen und Menschen neu kennenlernen – näher auch zu uns selbst – denn das haben viele in Beruf und Haushalt vernachlässigt: Auftanken, sich selbst Gutes gönnen, neue Erfahrungen im Genießen machen.

Gott, hab Dank für deinen kräftigenden Beistand. Amen.

31. August

Und nun spricht der HERR, der dich geschaffen hat: Fürchte dich nicht, denn ich habe dich erlöst; ich habe dich bei deinem Namen gerufen; du bist mein! (Jes 43, 1; LB)

Jemanden ganz persönlich und bewußt mit Namen, seinem Vornamen, anzureden – das bezeugt, daß der angesprochene Mensch einem nahesteht. Wenn Gott mich beim Namen kennt und immer wieder nennt – dann bin ich nicht ein x-beliebiges Wesen im Weltall, eine unter Milliarden Nummern, sondern darf beglückt feststellen: Gott liebt mich, rettet mich!
Mag sein, daß er mich das eine Mal zärtlicher und das andere Mal strenger beim Namen nennt – so oder so ist es ein Zeichen dafür, daß ich Gott unendlich viel wert bin.

Gott, es ist gut zu wissen, daß du mich so persönlich mit Namen anredest. Amen.

1. September

Wer seine eigenen Wege gegangen, soll umkehren und zum Herrn kommen. „Eure Rettung ist nahe", sagt der Herr. „Denn meine Gedanken sind nicht zu messen an euren Gedanken. So hoch der Himmel über der Erde ist, so weit reichen meine Gedanken hinaus über alles, was ihr euch ausdenkt, und so weit übertreffen meine Möglichkeiten alles, was ihr für möglich haltet." (Jes 55, 7.8.9; GN)

Bescheiden müssen wir sein im Reden über Gott – zu schnell meinen wir zu wissen, wer Gott ist, was er zu tun hat. Und das entspricht häufig nur unseren eigenen Bedürfnissen; werden die nicht erfüllt, sind wir sauer. Gott ist nicht zu verstehen: weil er der Ganz–andere ist; und außerdem, weil wir mit Gott und seinen Weisungen zur Liebe oft nichts am Hut haben – auch von dieser Distanz her begreifen wir Gott nicht. Wirklich verstehen können wir Gott nicht, aber: Wenn wir in ihm leben, werden wir ihn ein klein wenig besser verstehen.

Gott, laß mich in dir und aus deiner Liebe leben, dir immer näherkommen, bis ich dich einst voll erkennen darf. Amen.

2. September

Brich dem Hungrigen dein Brot, und die im Elend ohne Obdach sind, führe ins Haus! Wenn du einen nackt siehst, so kleide ihn. (Jes 58, 7; LB)

Geld zu spenden gegen „ferne" Not, das fällt nicht sehr schwer. Wenn Elend aber ein konkretes menschliches Gesicht bekommt, uns hautnah begegnet im Gestrauchelten, Verzweifelten, der Fixerin, dem Penner, erscheint Liebe mit Herz und Hand oft als unbesteigbarer Berg. Doch dieser Berg ist schrittweise zu schaffen. Ein erster wichtiger Schritt: den, der am Boden liegt, abstoßend, bedrohlich wirkt, als Menschen in seiner Würde wahrnehmen. Das hilft uns, ihm trotz Abneigung Gutes zu tun. Und Wahrnehmung wie Tun helfen uns vielleicht sogar von Abneigung zum Gefühl liebevoller Zuneigung.

Gott, gib mir Mut zur tatkräftigen, herzlichen Liebe. Amen.

3. September

Ich will euch trösten, wie einen seine Mutter tröstet. (Jes 66, 13; LB)

Gott ist Vater, der uns wie eine Mutter tröstet – uralte Bilder, nie wörtlich zu nehmen: Gott ist kein Mensch, ist weder Mann noch Frau. Der väterliche Gott mit mütterlichen Zügen – all das steht vielmehr für persönliche Liebe, Zuwendung, Zärtlichkeit, Aufmunterung. Doch auch dies sind menschliche Begriffe, die das Wesen Gottes nur unvollkommen erfassen.
Dennoch: Wir müssen solche Begriffe und Bilder benutzen, damit uns Gott nicht ins Nebulöse entgleitet. Und können sie benutzen – sie zielen auf Wahrheit hin: Gott ist liebevoll um uns besorgt.

Gott, ich danke dir für die Liebe deines väterlichen und mütterlichen Herzens. Amen.

4. September

Der Herr sagte zu mir: „Schon ehe ich dich ins Leben rief, hatte ich einen Plan mit dir.“ Ich wehrte ab: „Ach, mein Herr und Gott! Ich kann doch nicht reden, ich bin noch zu jung!“ Aber der Herr antwortete mir: „Sag nicht: ‚Ich bin zu jung!‘ Geh, wohin ich dich sende, und verkünde, was ich dir auftrage! Habe keine Angst, denn ich, der Herr bin bei dir und werde dich beschützen.“ (Jer 1, 4.6–7.8; GN)

Ich habe zuviel mit dem Beruf zu schaffen, mit dem Haushalt, der Ausbildung – habe keine Zeit, Kraft und Möglichkeit, mich für Gott derart einspannen zu lassen! Unzulässig, diese Trennung – so, als ob Beruf oder Haushalt das eine wäre und der Einsatz für Gottes Reich der Liebe das andere, das man so nebenbei erledigen kann, etwa durch Geldüberweisung zugunsten Notleidender!
Nein: Wir sollen gerade da, wo wir stehen, im ganz Alltäglichen, für Versöhnung, Gerechtigkeit, Solidarität, Verständigung eintreten – Gott sendet uns genau dorthin.

Gott, hilf mir, mich an meinem Platz und jederzeit für dein Reich einzusetzen. Amen.

5. September

Mein Volk hat doppeltes Unrecht verübt: Mich hat es verlassen, den Quell des lebendigen Wassers, um sich Zisternen zu graben, Zisternen mit Rissen, die das Wasser nicht halten. (Jer 2, 13; EÜ)

Wir hängen unser Herz an die glitzernden Fassaden der Konsum- und Leistungsgesellschaft – wir hängen es an geliebte, an bewunderte Menschen – wir hängen es an unseren Garten, unser Auto, unseren Computer – und vergessen darüber, daß es einzig sinnvoll ist, sich in solch vergänglichen Angelegenheiten im Loslassen zu üben – unser Herz vor allem an das zu hängen, was uns jetzt größte Geborgenheit gibt und uns ewig trägt.
Diese Kehrtwende ist nicht leicht – ich muß ruhig nachdenken, meine Sehnsucht spüren, ihr schrittweise folgen.

Gott, richte mein Herz auf dich aus. Amen.

6. September

Sie heilen den Schaden meines Volkes nur obenhin, indem sie sagen: „Friede! Friede!", und ist doch nicht Friede. (Jer 6, 13.14; LB)

Wie oft werden wir mit dem Wort „Friede" belogen? Wie oft verwechseln politisch Verantwortliche und Völker Frieden mit der Friedhofsruhe nach dem Schweigen der Waffen!
Doch wirklicher Friede setzt Liebe und Gerechtigkeit voraus, Verständnis füreinander, Teilen miteinander – wahrer Friede beginnt so, daß wir im Alltäglichen die Waffen verletzender Worte und geballter Fäuste umschmieden zu Pflugscharen der Menschenfreundlichkeit – und daß wir, um das erreichen zu können, im Frieden mit Gott und aus seiner Liebe leben.

Gott, gib mir Kraft zum wahren Frieden. Amen.

7. September

Ein Weiser rühme sich nicht seiner Weisheit, ein Starker rühme sich nicht seiner Stärke, ein Reicher rühme sich nicht seines Reichtums. Sondern wer sich rühmen will, der rühme sich dessen, daß er klug sei und mich kenne. (Jer 9, 22; LB)

Was ist Besitz, Karriere, Ruhm in gesellschaftlicher Perspektive? Nützlich, angenehm, erstrebenswert. Doch in Wirklichkeit ist es unwesentlich, unausfüllend im Vergleich zu dem Besitz an Leben und Geborgenheit, zu der Karriere in Menschlichkeit, zu dem Ruhm durch Glauben und Hoffnung, die ich bei Gott finde.
Man sollte zwar irdischen Erfolg und Erfolg auf der „Himmelsleiter" nicht gegeneinander ausspielen – aber das Wesentliche ist allemal der Erfolg auf dem Weg zum erfüllenden Leben, das Gott hier und einst schenkt.

Gott, schärfe meinen Blick für das wirklich Lebensnotwendige. Amen.

8. September

Bin ich nur ein Gott, der nahe ist, spricht der HERR, und nicht auch ein Gott, der ferne ist? Bin ich es nicht, der Himmel und Erde erfüllt? (Jer 23, 23.24; LB)

Wir machen Gott oft zu einem von uns, wissen anscheinend auch genau, wer er ist, was er denkt und zu tun hat. Gott aber ist der unendlich Ferne – Gott, der Himmel, ist der unergründliche Hintergrund unseres Lebens, unserer Welt. Und Gott ist uns zugleich unendlich nah – aber anders, als wir es uns denken oder erträumt hätten.
Er kommt uns nah in Jesus – ist uns liebevoll nah in jedem Augenblick – doch ohne, daß wir ihn damit erfassen können. Er ist in seiner Nähe und seiner Ferne der Unbegreifliche, unbegreifliche Liebe.

Gott, laß mich dich nicht zu Meinesgleichen erniedrigen. Amen.

9. September

Ich, ich weiß die Planungen, die ich über euch plane, ist SEIN Erlauten, Planungen des Friedens, nicht zum Bösen mehr, euch Zukunft und Hoffnung zu geben. (Jer 29, 11; DS)

Das soll mir inmitten verwirrender Rätsel meines Lebens ein starker Trost sein: Was mir als dunkle, rätselhafte, oft quälend rätselhafte Spur erscheint, ist für Gott eine klare Linie – eine Spur, über der nur eines waltet: seine Gedanken der Liebe und des Friedens. Mitten in meinem und der Welt Dunkel: Gottes Liebe, die zum Licht führt. Mitten im Geflecht aus Liebe und Haß, Sünde und Gnade eine Bewegung, eine klare Linie, ein unentwegter Herzschlag hin zur ewigen Liebe – das dynamische Abenteuer der Liebe, das auf Vollendung hinausläuft.

Gott, hab Dank, daß deine guten Gedanken mich und die Welt umfangen. Amen.

10. September

Euch allen, die ihr vorübergeht, sage ich: „Schaut doch und seht, ob irgendein Schmerz ist wie mein Schmerz, der mich getroffen hat." (Klg 1, 12; LB)

Leid, das auf alle denkbaren Möglichkeiten nach außen gebracht wird, ist halbes Leid. Ich muß Leid ausdrücken, weil ich damit im wahrsten Sinn des Wortes ein Stück Leid aus mir hinausdrücke.
Ich kann es verständnisvollen Menschen mitteilen, die Mit-Leid empfinden, das Leid mit mir teilen – ich kann mein Leid in Lieder und Gebete des Vertrauens packen und mich so an Gott wenden – was als solches schon Erleichterung bringt und dann, auf welche Weise immer, Gottes Hilfe – ich kann mein Leid auch in Tränen und Schreie packen.

Gott, laß mich Leid und Schmerz nicht in mich hineinfressen, sondern äußern – ohne zum hoffnungslosen Jammerlappen zu werden. Amen.

11. September

Durch Gottes Güte sind wir noch am Leben, denn seine Liebe hört niemals auf; jeden Morgen ist sie neu wieder da, und seine Treue ist unfaßbar groß. Ich sage: Der Herr ist mein Ein und Alles; darum setze ich meine Hoffnung auf ihn. (Klgl 3, 22–24; GN)

Schlitterst du mißgelaunt in den Tag hinein, wird dein Tag höchstwahrscheinlich dementsprechend aussehen. Wenn du ihn aber positiv beginnst, trägst du sehr zum Gelingen des Tages bei.
Wie wäre es, bald nach dem Wachwerden, noch im Bett, dir ganz bewußt dies vor Augen zu halten: Gottes Güte umfängt mich, schon in diesem Augenblick, und hat heute Großes mit mir vor!

Gott, hilf mir, meinen Tag positiv zu beginnen. Amen.

12. September

So hat ER gesprochen: Ich sprenge reines Wasser auf euch, daß ihr rein werdet. Ich gebe euch ein neues Herz, einen neuen Geist gebe ich euch in das Innre, das Herz von Stein schaffe ich aus eurem Fleisch weg, ich gebe euch ein Herz von Fleisch. Meinen Geist gebe ich euch in das Innre, ich mache, daß ihr geht in meinen Gesetzen und meine Rechtsgeheiße wahret, sie tut. (Ez 36, 22.25.26–27; DS)

Wenn Christentum nur als trockene, katechismusartige Lehre in deinem Kopf steckt – dein Herz zudem verhärtet ist, unempfänglich für Gottes Wort – wenn du also nur mechanisch Glaubenssätze oder Gebete nachplapperst, dann sind die Lehrformeln bloß Leerformeln – kein Anstoß mehr zum Wesentlichen, zum erfüllten Rundum-Leben in Glaube, Hoffnung und Liebe.
Dazu braucht es einen bereitwilligen, verständigen Kopf – in Verbindung mit einem lebendigen, blutgefüllten, schlagenden, weichen, fühlenden Herzen. Gottes Geist will beides schenken.

Gott, mach mir begreiflich, daß das Evangelium weniger Lehre ist, sondern die Lehre nur führen will zum Entscheidenden, einem dynamisch gelebten Evangelium mit ganzem Einsatz für das Gute. Amen.

13. September

Über mir war SEINE Hand, im Geistbraus entführte er mich, ließ mich nieder inmitten der Ebne, die war voller Gebeine. Sehr verdorrt waren sie. Er aber sprach zu mir: Künde über diese Gebeine: Ihr verdorrten Gebeine, Geistbraus lasse ich kommen in euch, und ihr lebt. Ich öffne eure Gräber. (Ez 37, 1.2.4.5.13; DS)

Die Welt ändert sich. Wir selbst ändern uns unaufhörlich – zumindest äußerlich. Innerlich aber können wir es zur Grabesruhe kommen lassen. Alles steht so, wie es ist, für uns fest. Wir sind festgefahren und haben Geist, Herz und Seele verdorren lassen.
Aufgeschlossensein für Neues, heilsame Verunsicherung, Wachstum im Guten – das, was lebendiges Menschsein ausmacht, läuft bei uns nicht mehr. Sei empfänglich für Gottes Geistbraus!

Gott, hilf mir, daß ich nicht innerlich mich einbetoniere und zugrunde gehe. Amen.

14. September

In göttlichen Gesichten führte er mich zu der Tür des Tempels. Und siehe, da floß ein Wasser heraus unter der Schwelle; und alles soll gesund werden und leben, wohin dieser Strom kommt. Und werden an seinem Ufer fruchtbare Bäume wachsen, und ihre Blätter werden nicht verwelken. Sie werden alle Monate neue Früchte bringen; denn ihr Wasser fließt aus dem Heiligtum. (Ez 40, 2; 47, 1.9.12; LB)

Jenseits von Eden, wo das Wasser des Lebens strömte, jenseits vollkommener Schönheit und Harmonie: der Traum, die Vision vom Strom mit dem Lebenswasser, die Sehnsucht nach dem verlorenen Paradies.
Es muß kein Traum bleiben: Der Strom fließt aus dem Tempel, kommt von Gott, Gott selbst ist das Wasser des Lebens. Wer in Gott eintaucht, findet Befreiung, Heilung, Reinheit, Schönheit, findet zum Paradies zurück – hier bruchstückhaft und einst vollkommen.

Gott, ich danke dir, daß du meine tiefste Sehnsucht stillst. Amen.

15. September

Der König Belschazer machte ein großes Mahl. Zur selben Stunde kamen die Finger einer Menschenhand hervor und schrieben auf den Kalk der Wand. Nun hob Daniel an: „Dies ist die Schrift: Mne mne tkel ufarsin. Dies ist die Deutung: Mne – gezählt hat Gott dein Königreich und ist damit fertig geworden. Tkel – gewogen wardst du und zu leicht befunden." In derselben Nacht wurde Belschazer getötet. (Dan 5, 1.5.17.25.26.27.30; DS)

Die Erde ist von Haß und Krieg, von Nationalismus und brutalem Egoismus überzogen, von Umweltzerstörung geplagt – und wir können in jedem gequälten, dahingemetzelten Menschen, in jedem abgestorbenen Baum, in jedem ölverschmierten Vogel das Menetekel erkennen, das Warnzeichen an der Wand: Du, Mensch – gezählt, gewogen und zu leicht befunden!
Du richtest dich und die Erde zugrunde – wenn du nicht umkehrst von Gewalt und Zerstörung!

Gott, laß mich das Zeichen an der Wand wahrnehmen, verstehen und ernst nehmen. Amen.

16. September

Das Reich und die Macht und die Gewalt über die Königreiche unter dem ganzen Himmel wird dem Volk der Heiligen des Höchsten gegeben werden, dessen Reich ewig ist. (Dan 7, 15; LB)

Wenn du das Böse in dir besiegst, soweit du kannst, wirst du unter den Menschen mit der Macht deiner Liebe, mit der Herrschaft deiner Dienstbereitschaft stark sein, heilig sein.
Du wirst niemanden ausbeuten, unterdrücken, quälen, sondern dynamisch mitarbeiten an einem göttlichen Reich des Friedens, der Wahrheit und der Gerechtigkeit, das einmal vollkommen aufleuchten wird und dessen Zentrum die Kraft der alles bezwingenden Liebe ist.

Gott, mach mich fähig zur starken Liebe. Amen.

17. September

Als der Herr zum erstenmal mit Hosea sprach, sagte er: „Nimm dir eine Hure zur Frau! Denn mein Volk ist mir untreu geworden und läuft wie eine Hure fremden Göttern nach!" (Hos 1, 2; GN)

Ein sehr krasses Beispiel für „Anders-sein", „Anders-leben" als andere – aber in gewisser Weise gilt das auch für uns: Ich Individuum, ich einzigartiger Mensch, soll das nach innen hin auch sein und bleiben und nach außen hin zeigen. Ich soll nicht im grauen Einheitsbrei untergehen, sondern ein wenig bunter Vogel sein – ohne mich dadurch gleich zu isolieren. Ich soll und muß mich unterscheiden – in meinen geistigen Einstellungen, doch auch in „Banalitäten" wie der Kleidung. Das zeugt von Selbstwertgefühl und bereichert die Gesellschaft.

Gott, hilf mir, meine Persönlichkeit zum Ausdruck zu bringen und unverwechselbar zu bleiben. Amen.

18. September

Ich bin der HERR, dein Gott, und du solltest keinen andern Gott kennen als mich und keinen Heiland als allein mich. Israel, du bringst dich ins Unglück; denn dein Heil steht allein bei mir. Ephraim, was sollen dir weiter die Götzen? Ich will dich erhören und führen, ich will sein wie eine grünende Tanne, von mir erhältst du deine Früchte. (Hos 13, 4.9; 14, 9; LB)

Statt uns von Göttern der Konsumgesellschaft versklaven zu lassen, sollen wir uns in Gott verankern – die Abhängigkeit von ihm gibt paradoxerweise Freiheit, umfassendes Heil an Leib und Seele – und damit auch so schlicht-menschliche Beglückung wie Entspannung und Humor. Entspannungstechniken, Spaziergänge – das ist nichts gegen die Entspannung aus dem Halt in Gott. Und das Verankertsein in Gott, im „Humus", bringt genau die Distanz zur Welt und zu mir, die Humor ermöglicht und die Fähigkeit, mich selbst auf den Arm zu nehmen.

Gott, schenk mir die feste Verankerung in dir. Amen.

19. September

Der Herr sagt: „Es kommt die Zeit, da werde ich alle Menschen mit meinem Geist erfüllen. Alle Männer und Frauen werde ich dann zu Propheten machen. Alte wie Junge werden Träume und Visionen haben. Sogar den Knechten und Mägden will ich zu jener Zeit meinen Geist geben." (Joel 2, 25; 3, 1.2; GN)

Es geht nicht darum, alle grundsätzlich über einen Kamm zu scheren – es geht nicht um simple Gleichmacherei – aber: Gottes Geist der Liebe, der Barmherzigkeit, des Verständnisses der Weisheit ist mitnichten nur bei den sogenannten Geistlichen, mitnichten nur bei den Hochgeistigen, Intellektuellen, den angeblich Verständigen und Einsichtigen und Durchblickenden.Sondern Gottes Heiliger Geist ist gleicherweise bei den sogenannten Einfältigen und Schlichten im Geist, wirkt in ihnen und durch sie – durch uns alle.

Gott, weite meinen Blick für das umfassende Einwirken des Heiligen Geistes. Amen.

20. September

Es geschah des Herrn Wort zu Jona: Mache dich auf und geh in die große Stadt Ninive und predige wider sie; denn ihre Bosheit ist vor mich gekommen. Da glaubten die Leute von Ninive an Gott und ließen ein Fasten ausrufen. Gott reute das Übel, das er ihnen angetan hatte, und tat´s nicht. Das aber verdroß Jona sehr und er ward zornig. Aber der HERR sprach: Meinst du, daß du mit Recht zürnst? (Jona 1, 1; 3, 5.10; 4, 1.4; LB)

Stocksauer ist Jona, weil Gott anders funktioniert, als er, Jona, sich das in seiner menschlichen Phantasie ausgemalt hat. Und Jona muß lernen, und wir müssen lernen, daß Gott anders, göttlich ist in seinem Tun, unbegreiflich – und seine Güte oder Nicht-Güte entspricht nicht unseren kleinkarierten Vorstellungen – und er ist unerbittlich und konsequent gütig – Gott sei Dank!

Gott, mach mir immer wieder klar, daß du meinen Horizont weit übersteigst. Amen.

21. September

In den letzten Tagen aber wird der Berg, darauf des HERRN Haus ist, fest stehen, höher als alle Berge. Sie werden ihre Schwerter zu Pflugscharen und ihre Spieße zu Sicheln machen. Es wird kein Volk wider das andere das Schwert erheben, und sie werden hinfort nicht mehr lernen, Krieg zu führen. (Mi 4, 1.3; LB)

Nächtliche Träume können Vergangenes aufarbeiten oder Hinweise geben. Tagträume können Mut für die Zukunft machen. Und Gott kann in Menschen prophetische Träume, Visionen erwecken von einer Zukunft, die er heraufführt.
Wir dürfen diese Vision von einer heilen Welt zu unserem beglückenden, stärkenden Tagtraum machen und auf die neue Welt Gottes schon etwas hinarbeiten – indem wir im Großen und Kleinen, in Wort und Tat gegen Gewalt und Krieg und für den Frieden wirken.

Gott, stärke mich, an deinem kommenden Friedensreich mitzuarbeiten. Amen.

22. September

Der Herr kommt! „An jenem Tage", spricht der Herr, „werde ich die selbstzufriedenen Leute aufspüren. Nur ein Volk aus armen und demütigen Leuten lasse ich dort als Überrest wohnen, die auf mich ihre ganze Hoffnung setzen. Sie werden kein Unrecht tun, in Glück und Frieden leben." (Zef 1, 7.8.12; 3, 12.13; GN)

Es geht nicht darum, daß ich mit elitärer Arroganz – und womöglich zu Unrecht, in falscher Selbsteinschätzung – überzeugt bin, zu einer besonderen Minderheit, einem „heiligen Rest" zu zählen.
Sondern: Ich muß klar wissen, daß ich zwangsläufig zu einer Minderheit zähle, wenn ich mich den eiskalten Gesetzen der Welt bewußt nicht anpasse und den unangepaßten Weg gehe – den Weg des reinen Herzens – der Güte – der Armut vor Gott, die von Gott den Segen erwartet. Diese Minderheit, und nur sie, hat Bestand.

Gott, gib mir Mut, zur unangepaßten Minderheit zu gehören. Amen.

23. September

Der Herr sagt: „Was ihr da über mich redet, geht zu weit!" (Mal 3, 13; GN)

Über Gott und sein Handeln etwas auszusagen, ist sehr wagemutig – Gott ist ganz unbegreifbar. In der Unbegreifbarkeit liegt zugleich ein Reiz, der Neugier und Faszination weckt. Es ist wie bei Menschen, die ich zwar kenne, die aber immer noch für Rätsel und Überraschungen gut sind. Würde ich sie in- und auswendig kennen, wäre das langweilig.
Was für Menschen gilt, das gilt erst recht und zwangsläufig für Gott. Seine Unbegreifbarkeit: ein Reiz, dennoch bruchstückhaft über ihn zu reden – und, Gott sei Dank, ein Reiz, der Faszination weckt.

Gott, bewahre mich vor zu festen Vorstellungen von dir, die falsch sind und alle Faszination auslöschen. Amen.

24. September

Euch aber, die ihr meinen Namen fürchtet, wird die Sonne der Gerechtigkeit aufgehen, die Heilung birgt unter ihren Flügeln. (Mal 4, 2; ZB)

Die Verheißung, mit der das Alte Testament ausklingt, beziehen wir auf Jesus, den Heiland: In ihm kommt zu uns die Sonne, die das Dunkel der Nacht vertreibt – das Dunkel der Verstrickung in die Schuld meiner Lieblosigkeit – jene Sonne, die mir den hellen Tag der Gerechtigkeit bringt, eines guten Verhältnisses zu Gott – die mich erleuchtet, in Gerechtigkeit und Güte für die Menschen, für die Welt da zu sein – und die mir einst ewig scheint.
Nur offen muß ich sein für Gott, für sein Geschenk des Glaubens. Das ist – kurz zusammengefaßt – das Evangelium, die frohe Botschaft an mich.

Gott, ich freue mich über das erfüllende Leben, das Jesus als Heiland mir bringt. Amen.

25. September

Siehe, die Jungfrau wird schwanger werden und einen Sohn gebären, und man wird ihm den Namen Immanuel geben, was übersetzt heißt: Gott mit uns. (Mt 1, 23; ZB – vgl. Jes 7, 14)

Ein Gott, der sich aus seiner Unbegreiflichkeit in die Greifbarkeit begibt, aus seiner Unnahbarkeit uns hautnah kommt.
Ein Gott, der in Marias Sohn Fleisch und Blut annimmt, sich leiblich mit uns verbündet, um uns durch gutes Wort und Beispiel den Weg aus Gottesferne und Menschenferne zu zeigen, um uns diesen Weg sogar zu bahnen durch Liebe bis ans Kreuz – ein befreiender Gott mit uns, damals, heute und morgen.

Gott, laß mich Nähe und Geborgenheit erfahren, Frieden mit dir und den Menschen. Amen.

26. September

In jenen Tagen trat Johannes der Täufer auf und verkündete: Bringt Frucht hervor, die eure Umkehr zeigt, und meint nicht, ihr könntet sagen: Wir haben ja Abraham zum Vater. Denn ich sage euch: Gott kann aus diesen Steinen Kinder Abrahams machen. (Mt 3, 1.9; EÜ)

Gläubige Vorfahren, christliche Tradition, Kirchgang, Wohltätigkeit unbedeutsam, zählt alles nicht, solange es nur Fassade ist und ohne innere Überzeugung einhergeht; solange ich nicht unentwegt bereit bin, mich zu ändern, mich ganz persönlich einzulassen auf das Abenteuer von Glaube, Hoffnung und Liebe, ein Christenmensch zu sein aus voller Kraft mit Leib und Seele und nicht nur dem Namen nach.

Gott, bewahre mich vor falscher Sicherheit und Hochmut. Amen.

27. September

Da er vierzig Tage und vierzig Nächte gefastet hatte, hungerte ihn. Und der Versucher trat zu ihm und sprach: Bist du Gottes Sohn, so sprich, daß diese Steine Brot werden. Er aber antwortete und sprach: Es steht geschrieben: „Der Mensch lebt nicht vom Brot allein, sondern von einem jeden Wort, das aus dem Mund Gottes geht." (Mt 4, 2–4; LB)

Wir leben nicht vom Brot allein, brauchen Lust, Vergnügen, menschliche Wärme – wollen Brot und Spiele im Überfluß. Und sterben doch innerlich ab ohne Gottes ermutigendes, tröstendes, heilsam verunsicherndes Wort.
Wichtiger als Brot und Spiele, wichtiger als die Befriedigung des Hungers nach Nahrung und Lust: die Fülle des Lebens in Gott, die Stillung des Hungers nach umfassendem Heil und Frieden. Schlimmer als jeder andere Hunger: ein geistlicher Hunger, der die Seele auslaugt. Wer will, kann ihn täglich stillen.

Gott, bewahre mich davor, meinen Hunger nach dir zu verdrängen und so am wahren Leben vorbeizulaufen. Amen.

28. September

Von da an begann Jesus zu verkünden: Kehrt um! Denn das Himmelreich ist nahe. (Mt 4,17;EÜ)

Das Himmelreich – kein Wolkenkuckucksheim in blauen Fernen, sondern Gottes Bereich, Gottes heiliger Bezirk des Lebens und des Friedens mitten unter uns, im menschlichen Herzen, ganz konkret in geistgewirkter Liebe, Freude und Gerechtigkeit.
Aber ich habe zu oft keinen Blick für dieses Reich, laufe anderen Mächten hinterher, die mich voll in Beschlag nehmen. Nur eines hilft: Umdrehen, hinschauen auf Gott, sich ihm öffnen, sich von ihm mit den Reichtümern seines Reichs beschenken lassen, sie gut verwalten.

Gott, dein Reich komme zu uns, zu mir. Amen.

29. September

Jesus forderte sie auf, ihm zu folgen; und sofort verließen sie das Boot und ihren Vater und gingen mit ihm. (Mt 4, 21.22; GN)

Sich von Jesus direkt mitten ins Herz treffen lassen, anstecken lassen; aus dem Bauch heraus ihm sofort folgen, seinem Beispiel nacheifern; ohne Wenn und Aber, ohne Riesenwust an Verstandesgründen dafür oder dagegen; nicht fragen und abwägen, was es eigentlich bringt, sondern es einfach versuchen aus einem guten Gefühl heraus – auch wenn manches ungewiß erscheint, auch wenn Mut nötig ist.
Und ich? Distanziert, grüblerisch, träge, weit entfernt von solcher Unmittelbarkeit.

Gott, hilf mir, spontaner auf dich und dein Wort zu reagieren, engagierter mich einzulassen. Amen.

30. September

Selig, die ein reines Herz haben; denn sie werden Gott schauen. (Mt 5, 9; EÜ)

Aus vertrauensvoller Unschuld heraus einen offenen Sinn dafür entwickeln, daß hinter und in dem Sichtbaren das unsichtbare Göttliche wirkt – es erschauen, verspüren, eintauchen in seine verwandelnde Kraft, schweigen, anbeten, Gott und Menschen lieben, heute schon selig sein.
Vor allem aber: Im Menschen Jesus den Gott schauen, der sich hier auf einmalige Weise offenbart – und niederfallen und anbeten.

Gott, laß mich dich immer tiefer erschauen. Amen.

1. Oktober

Ihr seid das Salz der Erde. Wenn aber das Salz seinen Witz verliert, womit soll gesalzen werden? (Mt 5, 13; NT)

Würziges, würzendes Salz soll ich sein – eine kraftvolle Persönlichkeit des Glaubens, der Hoffnung, der Liebe – ein Mensch mit guten Eigenschaften für andere. Wenn andere mich brauchen, soll ich mich unaufdringlich in ihr Leben einbringen, Würze hineinbringen.
Ich soll dafür sorgen, daß sie Geschmack, Gefallen am Leben finden und vielleicht sogar feststellen, daß es nach mehr schmeckt – nach etwas, das über sie selbst hinausweist.

Gott, bewahre mich vor Fadheit. Amen.

2. Oktober

Ihr habt gehört, daß gesagt worden ist: Auge für Auge und Zahn für Zahn. Ich aber sage euch: Leistet dem, der euch etwas Böses antut, keinen Widerstand, sondern wenn dich einer auf die rechte Wange schlägt, dann halt ihm auch die andere hin. (Mt 5, 38–39; EÜ)

Auge um Auge, Zahn um Zahn – keine Racheaufforderung an den Geschädigten, sondern Aufforderung an den Schädiger, als Strafe Gleiches – nicht weniger, doch auch nicht mehr! – zu geben; insgesamt ein Schritt zur Menschlichkeit. Jesus übertrifft das, wendet sich an den Geschädigten: Wünsch deinem Schädiger, verlang von ihm, gar vollstreck an ihm noch nicht einmal Gleiches, sondern durchbrich den Teufelskreis der Gewalt – ohne schwächlicher Feigling zu sein, gequälter Dulder oder sanftmütiger Heuchler!
Widersteh dem Bösen mit starker Liebe, klarem Blick, offener Hand, festem Wort – und im Wissen um eigene Fehler!

Gott, stärke bei mir die starke Haltung der Gewaltlosigkeit in Denken und Handeln. Amen.

3. Oktober

Quält euch nicht mit Gedanken an morgen; der morgige Tag wird für sich selber sorgen. Ihr habt genug zu tragen an der Last von heute. (Mt 6, 34; GN)

Natürlich muß ich planen, vorausschauend Kräfte mobilisieren – es wäre unverantwortlich, mich einfach von Tag zu Tag durchzuwurschteln. Aber: Konzentrieren muß ich mich auf das Heute. Und dabei wissen: Ich kann nicht alle Berge an nur einem Tag ersteigen – darf es auch nicht, sonst gehe ich kaputt.
Vielmehr soll ich heute versuchen, die erste Wegstrecke des ersten Berges zu schaffen, im Wechsel mit Entspannung – verantwortungsvoll, bewußt. Und gelassen vertrauen: Gott ist stets als Helfer bei mir, heute – und morgen, beim nächsten Anstieg.

Gott, wenn nicht heute – wann soll ich es dann tun? Hilf mir dazu. Amen.

4. Oktober

Geht durch die enge Tür! Denn das Tor, das ins Verderben führt, ist breit und die Straße dorthin bequem. Viele sind auf ihr unterwegs. Aber die Tür, die zum Leben führt, ist eng und der Weg dorthin anstrengend. Nur wenige gehen ihn. (Mt 7, 13–14; GN)

Laufe ich in der Masse mit? Schließe ich mich dem Strom aus Selbstsucht, Kälte, Konsumgier an? Bequem ist es schon – aber bringt mir das wirklich das ersehnte Glück? Oder: Ordne ich mich wie eine Marionette einem selbsternannten Führer unter, der mich total für seine Zwecke vereinnahmt? Bequem ist es schon – aber bringt mir das wirklich die ersehnte Freiheit?
Der Weg von Glaube, Hoffnung und Liebe ist unbequem – es kostet bereits Anstrengung, überhaupt auf ihn zu kommen –, doch ich finde Erfüllung und die Freiheit der Kinder Gottes.

Gott, laß mich in der Masse umkehren und den guten Weg gehen. Amen.

5. Oktober

Kommt her zu mir alle, die ihr mühselig und beladen seid; ich will euch erquicken. (Mt 11, 28 LB)

Bei Jesus, durch Jesus in den Beschwernissen des Lebens aufatmen und frei sein – weil er uns sagt und vorlebt und in Person darstellt, daß Gott ein Gott-mit-uns ist, ein liebender Gott, der uns Geborgenheit gibt, Kraft schöpfen läßt, uns freimacht von schuldhaften Verstrickungen.

Gott, ich danke dir, daß ich bei dir aufatmen kann. Amen.

6. Oktober

Nehmt auf euch mein Joch und lernt von mir, denn ich bin sanftmütig und von Herzen demütig. So werdet ihr Ruhe finden für eure Seelen. Denn mein Joch ist sanft, und meine Last ist leicht. (Mt 11, 29; LB)

Sanftmütig-süßliche Freundlichkeit, die Aggressionen überspielt? Demütig-kriecherische Verklemmtheit, die trotz inneren Aufruhrs unterwürfig funktioniert? Nein, sondern starke Liebe zu Gott und Menschen, fester Mut, Gutes zu tun, einen Dienst zu leisten, auf brutales Handeln zu verzichten – was kein Verleugnen eigener Aggressionen bedeutet.
Starker Wille, im Vertrauen auf Gott die Strapazen des Lebens bewußt anzunehmen, ohne sie hinzunehmen. Sanftmut und Demut kosten Mühe, werden aber zur beglückenden, leichten Last im Sinne Jesu.

Gott, laß mich aus festem Willen zum Guten starke Sanftmut und kraftvolle Demut leben. Amen.

7. Oktober

Es kam ein Mann zu Jesus: Was muß ich Gutes tun, um das ewige Leben zu gewinnen? Er antwortete: Halte die Gebote! Der junge Mann erwiderte ihm: Alle diese Gebote habe ich befolgt. Was fehlt mir jetzt noch? Jesus antwortete ihm: Verkauf deinen Besitz und gib das Geld den Armen; dann komm und folge mir nach. Als der junge Mann das hörte, ging er traurig weg; denn er hatte ein großes Vermögen. (Mt 19, 16.17.20.21.22; EÜ)

Du fühlst dich total überfordert, wenn in der Nachfolge Jesu Radikales von dir verlangt wird. Aber: Jesus weiß um menschliche Schwächen, den Hang zur Halbherzigkeit. Seine Forderungen wollen nicht abschrecken, sondern einladen, mit Gottes Hilfe auf ein Ziel hin zu arbeiten: innere und äußere Freiheit bei uns und anderen. Schönes Ziel – doch der Weg kann Angst machen. Stell dich der Angst, geh voran ohne Leistungswahn, sei fernab jeder Bagatellisierung nachsichtig mit deinen Fehlern, leb aus Gottes Liebe und Vergebung, wag es!

Gott, laß mich trotz aller Ängste und Verunsicherungen ein Stückweit vorwärtskommen auf dem guten Weg. Amen.

8. Oktober

So gebt dem Kaiser, was des Kaisers ist, und Gott, was Gottes ist! (Mt 22, 25; LB)

Soll ich Alltag und Sonntag, Weltdienst und Gottesdienst strikt trennen? Mich arrangieren mit den kalten Gesetzen der Welt einerseits und dem lieben Gott andererseits? Keinesfalls! Mein Weltdienst soll Gottesdienst sein, indem ich mich gemäß Gottes Weisungen für Liebe und Frieden einsetze. Und die sonntägliche Feier gilt zwar vorrangig dem Lob Gottes, schenkt aber auch Kraft für den Weltdienst. Gottesdienst und Weltdienst vermengen sich. In einer ächzenden, tränenreichen Welt soll durch mich die Stimme der Ermutigung, der Güte laut werden.

Gott, laß durch mich dein Reich der Liebe in der Welt aufleuchten. Amen.

9. Oktober

Wenn der Menschensohn in seiner Herrlichkeit kommt: Alle Völker werden vor ihm zusammengerufen werden, und er wird sie voneinander scheiden: Was ihr für einen meiner geringsten Brüder getan habt, das habt ihr mir getan. Was ihr für einen dieser Geringsten nicht getan habt, das habt ihr auch mir nicht getan. Und sie werden weggehen und die ewige Strafe erhalten, die Gerechten aber das ewige Leben. (Mt 25, 31.32.40.45.46; EÜ)

Weltgericht – das klingt fremd. Doch wenn Ostern wahr ist, kann ich auch an den erhöhten Christus als den Wiederkommenden glauben. Allerdings sollte ich dabei mit Bildern von Feuerflammen ebenso vorsichtig sein wie mit eigenen Vorstellungen von Lohn und Strafe. Nein, es kommt ein Tag, an dem die sich jetzt noch verborgen vollziehenden Gerichte Gottes eindeutig sind. Ich trete dann klar hervor – als jemand, der geliebt oder sich verhärtet hat. Christus nimmt mich für immer in seine Liebe auf oder beläßt mich in der selbstgewählten Verhärtung.

Gott, laß mich am Tage des Gerichts vor dir bestehen können. Amen.

10. Oktober

Wieder strömte eine so große Menge zusammen, daß er und seine Jünger nicht einmal zum Essen kamen. Als das seine Angehörigen erfuhren, machten sie sich auf den Weg, um ihn mit Gewalt wegzuholen, denn sie sagten sich: „Er muß verrückt geworden sein." (Mk 3, 20.21; GN)

Jesus – verrückt? Wenn Gottes Liebe in der Welt aufleuchtet, werden die kalten, harten Regeln der Welt total in Frage und auf den Kopf gestellt – und die Welt schießt sich auf diese Liebe, diese liebende Person ein, nennt sie närrisch, will sie weghaben, wegsperren. Wenn wir uns an Jesus, die fleischgewordene Liebe, halten, wenn wir in seinem Namen, im Namen Gottes, den unangepaßten Weg der Liebe gehen, werden vermutlich auch wir für verrückt gehalten werden.

Gott, gib mir den Mut, unangepaßt zu sein. Amen.

11. Oktober

Da kam ein schwerer Sturm auf, so daß die Wellen über Bord schlugen, Jesus aber schlief im Heck. Die Jünger weckten ihn und riefen: „Kümmert es dich nicht, daß wir untergehen?" Da stand Jesus auf, bedrohte den Wind und sprach zum tobenden See: „Still! Gib Ruhe!" Der Wind legte sich, und es wurde ganz still. „Warum habt ihr solche Angst?" fragte Jesus. „Habt ihr denn immer noch kein Vertrauen?" (Mk 4, 37.38.39–40; GN)

Die Sturmwellen, die dein Lebensboot an den Rand des Kenterns bringen: enttäuschte Liebe, Arbeitslosigkeit, Leid und Schmerz, Tod. Mitten in den Sturmwellen: Überlaß dich vertrauensvoll deinem Gott. Er will dich schützend umfassen, bergen, trösten – ja, er kann den Wellen auch Einhalt gebieten, falls es dir so zum Besten dient. Stille, Ruhe, Friede in dir – selbst wenn es außen herum weiter toben sollte.

Gott, ich freue mich, daß du mächtiger bist als alle Macht der Sturmwellen. Amen.

12. Oktober

Eine Frau, die seit zwölf Jahren an schweren Blutungen litt, hatte von Jesus gehört und berührte sein Gewand. Denn sie sagte sich: „Wenn ich nur sein Gewand anfasse, werde ich gesund." Im selben Augenblick hörte die Blutung auf. „Dein Vertrauen hat dir geholfen", sagte Jesus zu ihr. „Geh in Frieden!" (Mk 5, 25.27.28.29.34; GN)

Christliche Verkündigungsinhalte können uns zur schweren Last werden – wir wollen uns nicht scheinheilig da herumreden. Wie die Frau, die nicht wußte, wer Jesus wirklich war und sich trotzdem auf diesen guten Menschen einließ, dürfen und sollten wir dann mit Jesus klein anfangen, zunächst nur den Gewandsaum berühren, den guten Menschen sehen – und wir gesunden – lernen in Jesu Begleitung ihn immer tiefer lieben und verstehen, erfahren sein göttliches Geheimnis.

Gott, wenn ein nur formelhafter Glaube mich in Sinnkrisen und Zusammenbrüche treibt, dann hilf mir schrittweise zu einem lebendigen, beglückenden Glauben. Amen.

13. Oktober

Sie brachten zu ihm einen, der taub und stumm war. Er nahm ihn aus der Menge beiseite, legte ihm die Finger in die Ohren, berührte seine Zunge mit Speichel, sah zum Himmel auf und seufzte und sprach zu ihm: Tu dich auf! Sogleich taten sich seine Ohren auf, und die Fessel seiner Zunge löste sich. (Mk 7, 32.33.34.35; LB)

Jesu Wunder – keine glanzvollen, auf Applaus ausgerichteten Shows, sondern eine schlichte Berührung, ein Wort, abzielend auf Befreiung und Glück des Menschen. In einer noch unvollkommenen Welt erstrahlt schon die neue, vollkommene Welt Gottes.
Die Wunder sind Zeichen, daß in Jesus Gott zu uns kommt, der Heiland an Leib und Seele. Auch wir dürfen Gottes Liebe, unsere Verwandlung zum Besseren hin, immer wieder wunderbar an uns erfahren. Und dürfen andere mit Wunderzeichen der Liebe beglücken.

Gott, laß mich durch ein Lächeln, ein Streicheln Wunder wirken. Amen.

14. Oktober

Jesus sprach: Lasset die Kinder zu mir kommen, denn solchen gehört das Reich Gottes. Wahrlich, ich sage euch: Wer das Reich Gottes nicht annimmt wie ein Kind, wird nicht hineinkommen. (Mk 10, 14.15; ZB)

Kindlich, nicht kindisch sollen wir sein Gott gegenüber. Wir sollen uns seiner Liebe unbefangen öffnen, ursprünglich sein, neugierig – voll Staunen und Freude. Sollen aufblühen in dieser Liebe, uns spielerisch–träumerisch in Neues verwandeln. Und, trotz aller Mündigkeit und Selbstverantwortlichkeit: Wir sind angewiesen auf Gott, der unseren Elan beflügelt.
Und: Wir können Gott und Welt nicht ganz verstehen, müssen es auch nicht – doch dürfen hartnäckig, wissensdurstig fragen – werden immer besser begreifen, tiefer erkennen – je mehr wir aus Gottes Liebe leben – und erst recht, wenn wir einmal ganz in sie eintauchen werden.

Gott, gib mir unbefangene Offenheit, damit dein Friedensreich in mir wächst. Amen.

15. Oktober

Der Menschensohn ist nicht gekommen, daß er sich dienen lasse, sondern daß er diene und gebe sein Leben zu einer Erlösung für viele. (Mk 10, 45; LB)

Dazu ist Gott Mensch geworden, dazu ist Jesus gekommen: zum Dienst an uns, zum Opfer für uns – um uns zu helfen, für uns da zu sein, uns zu befreien – durch Liebe auf seinem Lebensweg, bis hin zur äußersten Liebe, seiner Lebenshingabe am blutigen Ende.
SEINE Liebe füllt den Abgrund MEINER Schuld auf, der mich von Gott trennt – vor mir liegt der Himmel, die Weite, das Leben – wenn ich dies aus freier Entscheidung glaube. Nicht alle können daran glauben – aber die vielen, die es tun, dürfen erlöst aufatmen.

Gott, ich danke dir für dein Angebot, im Glauben an den Gekreuzigten Befreiung finden zu dürfen. Amen.

16. Oktober

Als er aus Jericho hinauszog, saß Bartimäus, ein blinder Bettler, am Weg. Und als er hörte, es sei Jesus, fing er an zu schreien: Sohn Davids, Jesus, erbarme dich meiner! Viele herrschten ihn an, er solle schweigen. Doch schrie er nur noch viel lauter: Sohn Davids, erbarme dich meiner! Und Jesus sprach zu ihm: Geh, dein Glaube hat dich gerettet. Und gleich konnte er wieder etwas erblicken. (Mk 10, 46.47.48.52; NT)

Jammern über meine Beschwerden hat seinen Sinn und seine Zeit. Und weil es seine Zeit hat, muß es damit auch einmal zu Ende sein. Sonst werde ich zum Jammerlappen, der wie weggeworfen in der Ecke liegt.
Ich muß aktiv werden – muß versuchen, meine Beschwerden aus eigener Kraft oder mit Hilfe anderer in irgendeiner Weise zu bewältigen. Jederzeit kann ich mich an Gott wenden, lauthals, immer wieder – bis mein Gebet um Rettung erhört ist.

Gott, befreie mich von zu viel Jammern – und befreie mich aus meinen Beschwernissen. Amen.

17. Oktober

Die Nachricht von Jesus verbreitete sich. Scharenweise kamen die Menschen, um ihn zu hören und sich von ihren Krankheiten heilen zu lassen. Aber Jesus zog sich zurück und hielt sich in einsamen Gegenden auf, um zu beten. (Lk 5, 15.16; GN)

Freiwillig geht Jesus in die Einsamkeit, wo niemand von seinen Leuten ihn mehr aufmuntert und hält. Doch er ruht in Gott, in sich selbst, findet die Stille, die er braucht. Auch wir sollten uns zurückziehen, mitten im Tag, um diese lebensnotwendige Stille zu finden. Und bei unfreiwilliger Einsamkeit: Lauf nicht vor dir selbst weg, hin zu Zerstreuungen und Menschen, wo du dich vielleicht noch einsamer fühlst. Lerne, was Jesus konnte: In der Einsamkeit nicht einsam sein, sondern Halt in Gott und in dir haben, dir selbst genügen – ohne dich auf Dauer abzukapseln; dann wirst du dich auch unter Menschen nicht einsam, sondern gut fühlen.

Gott, mach mich offen für das Glück der Einsamkeit. Amen.

18. Oktober

Was ihr von anderen erwartet, das tut ebenso auch ihnen. (Lk 6, 31; EÜ)

Das Gute anderen gegenüber kann auch mal eine liebevolle Zurechtweisung sein. Oder ein Nichts-Tun: indem ich sie nicht an ihrer Entfaltung hindere. Und ich darf nicht an mich denken, im doppelten Sinn:
Die Liebe ist nur dann rein, wenn ich Gutes nicht tue, um Gutes zurückzubekommen. Vor allem aber darf ich mich nicht zum Maß aller Dinge machen in der Meinung: Was mir konkret von anderen gut täte, ist von meiner Seite aus für andere genauso gut! Vielmehr muß ich mich in andere versetzen, einfühlsam DEREN tatsächlichen Bedürfnisse erfüllen – wie auch ich es umgekehrt mit Recht erwarten darf.

Gott, laß mich erkennen, daß von mir Gutgemeintes für andere nicht wirklich gut sein muß und daß ich dabei an die anderen, nicht an mich zu denken habe. Amen.

19. Oktober

Verurteilet nicht, so werdet ihr nicht verurteilt werden. (Lk 6, 37; ZB)

Schnell bin ich bei der Hand, wenn es um das Verurteilen oder Vor-Verurteilen eines Menschen geht. Woher nehme ich mir eigentlich das Recht, jemanden zu verurteilen? Kenne ich wirklich seine Beweggründe, die Nöte, die vielleicht hinter seinem Handeln stehen? Woher nehme ich das Recht, jemanden schon ohne Kenntnis von Tatsachen voreilig zu verurteilen?
Auch wenn es Kraft kostet: Liebe, Verständnis, Vorsicht ist allemal besser. Und: Ein Fehlverhalten des anderen kann ich als Anstoß nehmen, eigene Fehler zu erkennen, zu beseitigen.

Gott, hilf mir, daß ich mich nicht zum Richter über andere aufspiele. Amen.

20. Oktober

Ein Pharisäer hatte Jesus zum Essen eingeladen. In derselben Stadt lebte eine Frau, die für ihr ausschweifendes Leben bekannt war. Als sie hörte, daß Jesus eingeladen war, kam sie mit einem Fläschchen Salböl. Der Pharisäer sagte sich: „Er müßte wissen, daß sie eine Prostituierte ist!“ Da sprach Jesus ihn an: „Ihre Schuld ist ihr vergeben. Wem wenig vergeben wird, der liebt nur wenig.“ (Lk 8, 36.37.39.40.47; GN)

Daran sollten wir uns ein Beispiel nehmen! Jesus kennt keine Berührungsängste – geht unverkrampft mit den streng Gesetzesfrommen wie mit der Prostituierten um. Er sieht den Menschen, sieht ihn mit liebenden Augen, sucht das Gute in ihm, sucht das Beste dieses Menschen.
Wir dagegen mit unseren Voreingenommenheiten, unserem Naserümpfen, unserer Selbstüberheblichkeit!

Gott, laß mich in jedem Mitmenschen den Nächsten sehen. Amen.

21. Oktober

Und während sie des Weges wanderten, sprach einer zu ihm: Ich will dir folgen, wohin du auch gehst. Noch ein anderer sprach: Ich will dir folgen, Herr! Doch erst erlaube mir, daß ich mich von denen zu Hause verabschiede. Jesus aber sprach zu ihm: Keiner, der die Hand an den Pflug gelegt hat und rückwärts blickt, ist tauglich für das Königtum Gottes. (Lk 9, 57.61–62; NT)

Da entscheidet sich jemand klar und selbstbewußt für den Weg der Liebe. Dieser Mensch sagt nicht: „Ich versuch´s mal, aber: Ich kann nicht versprechen, daß es klappt!" So ein verwaschener, schwächlicher Satz zeugt nicht von starkem Willen und mobilisiert nicht die Kräfte, die für die Wegstrecke notwendig sind.
Nein, dieser Mensch sagt: „Ich WILL es tun, ohne Wenn und Aber!" – überzeugt, daß er es schafft – und das garantiert schon fast den Erfolg, in dieser und jeder Situation. Gleiche ich eher dem anderen, dem Ja-Aber-Menschen?

Gott, laß meine Entscheidungen eindeutig sein und all meine Kräfte mobilisieren. Amen.

22. Oktober

Die Ernte ist groß, aber es gibt nur wenig Arbeiter. Bittet also den Herrn der Ernte, Arbeiter für seine Ernte auszusenden. Geht! Ich sende euch wie Schafe mitten unter die Wölfe. (Lk 10, 2.3; EÜ)

Täglich erfahren wir aus Zeitungen, Rundfunk, Fernsehen, aus eigenem Erleben, was das für eine Welt ist, in der wir leben – sehen ihre Tränen angesichts zerstörter Träume, hören ihren Schrei nach Liebe, spüren ihre Sehnsucht nach Befreiung. In der Tat: Es gibt viel zu tun, doch sind es zu wenige, die versuchen, der Not entgegenzuwirken. Wir sind aufgerufen, um solche Arbeiterinnen und Arbeiter für das Reich Gottes zu beten – und es selbst zu sein: Glaube, Hoffnung und Liebe in die Welt zu tragen, trotz innerer und äußerer Schwierigkeiten.

Gott, ich danke dir, daß du mir eine große, erfüllende Aufgabe anvertrauen willst: den Einsatz für das Gute. Amen.

23. Oktober

Bittet, so wird euch gegeben. (Lk 11, 9; LB)

Wenn ich es als selbstverständlich voraussetze, daß ein Mensch oder Gott mir zu Dienst und Willen ist, mir das Erwartete also wie selbstverständlich zusteht, dann sage ich im Befehlston: „Gib mir!" Wenn das für mich nicht selbstverständlich ist – weil ich weiß, daß es eben nicht selbstverständlich ist, Liebe, Zuwendung, etwas von anderen zu bekommen – daß andere damit einen Teil von sich an mich hingeben – dann formuliere ich es achtungsvoll als Bitte, sage vielleicht sogar ausdrücklich: „Bitte!"
Dadurch ist die Freundlichkeit gegenseitig – das tut der Beziehung gut.

Gott, laß mich das Bitten nicht verlernen. Amen.

24. Oktober

Feuer auf die Erde zu werfen, bin ich gekommen. Wähnt ihr, um Frieden auf der Erde zu stiften sei ich aufgetreten? Mitnichten, sage ich euch – sondern. Zwietracht. Denn von jetzt an wird unter fünf in einem Haus Zwietracht herrschen: von dreien gegen zwei und von zweien gegen drei. (Lk 12, 49.51–52; NT)

Das klingt widersinnig: Ausgerechnet der, der uns den Frieden mit Gott bringt – ausgerechnet der, der Friedfertige und Friedensstifter selig preist – ausgerechnet dieser Jesus bringt nicht den Frieden? Doch es ist kein Widerspruch: Wenn ich mit Gott im Frieden lebe, mich ganz an ihn und seine Weisungen zur Liebe halte, mich tatkräftig und phantasievoll für den Frieden in der Welt engagiere – dann werde ich von manchen für verrückt erklärt, dann kann es sogar im eigenen Gebälk, zwischen Verwandten, krachen – hart und unfriedlich geht es zu.

Gott, laß mich trotz unfriedlicher Angriffe auf mich inneren Frieden haben und für den Frieden arbeiten. Amen.

25. Oktober

Jesus erzählte weiter: „Ein Mann hatte zwei Söhne. Der jüngere machte seinen ganzen Anteil zu Geld und zog in die Fremde. Dort lebte er in Saus und Braus und verjubelte alles. Endlich ging er in sich und sagte: ‚Ich will zu meinem Vater gehen.' Der sah ihn schon von weitem kommen, und voller Mitleid lief er ihm entgegen, fiel ihm um den Hals und küßte ihn." (Lk 15, 11.12.13.17.20; GN)

Was für ein Gott! Der mir die Freiheit läßt, ins eigene Glück oder Unglück zu rennen! Der mir aber auch den Rückweg aus Schein-Freiheiten und Entfremdung stets offenhält – und am Ende dieses Weges erwartet er mich, nicht vorwurfsvoll, sondern mit Umarmung. Was für ein Gott! Ein Gott, der mich – menschlich gesprochen – mit Freudentränen in den Augen empfängt. Ein Gott, der mich zärtlich mit Küssen überhäuft, mir so signalisiert: Ich liebe dich, trotz allem – ich freue mich für dich über dein wiedergefundenes Zuhause!

Gott, laß mich bei der rücksichtlosen, atemlosen, letztlich unbefriedigenden Jagd nach Genuß und Wohlstand immer wieder innehalten und sehnsüchtig Ausschau halten nach dir. Amen.

26. Oktober

Niemand hat Gott je gesehen. Der Einzige, der Gott ist und am Herzen des Vaters ruht, er hat Kunde gebracht. (Joh 1, 18; EÜ)

Wer ist Gott? Eine Frage, die in dieser Weltzeit für uns ohne letzte Antwort bleiben muß. Ganz antwortlos sind wir aber nicht: Jesus gibt die Antwort, Jesus ist die Antwort – weil ihm jeder Herzschlag des Göttlichen vertraut ist, weil er aus dem Göttlichen in unser Fleisch und Blut hineingeboren wurde, weil in diesem Menschen Jesus Gott selbst sich offenbart.
In Jesu Person, seinem Wirken, aus seinen Worten können wir erahnen, wer Gott ist. Am deutlichsten aber spricht sein am Kreuz ausgestreckter Leib – so sehr liebt uns Gott.

Gott, laß mich genauer auf Jesus schauen, um dich besser zu erkennen. Amen.

27. Oktober

Der Wind weht, wo er will; du hörst sein Brausen, weißt aber nicht, woher er kommt und wohin er geht. So ist es mit jedem, der aus dem Geist geboren ist. (Joh 3, 8; EÜ)

Wenn wir offen sind für Gottes Geist, uns auf ihn einlassen, dann wissen wir zwar, spüren es förmlich, daß er in uns wirkt – wissen aber nie genau, wie, wann und wo er wirkt. Es ist ein Leben voller Überraschungen, wir müssen uns auf Ungewöhnliches gefaßt machen – werden plötzlich aus dem Alltagstrott rausgerissen, müssen lernen, gegen den Strom zu schwimmen.
Die Frage ist, ob wir dazu bereit sind oder uns lieber dem Wirken des Heiligen Geistes verschließen und den bequemen Weg gehen.

Gott, mach mich offener, mutiger. Amen.

28. Oktober

Sein Weg führte ihn nach Samarien, in die Nähe des Dorfes Sychar. Dort befand sich der Jakobsbrunnen. Da kam eine samaritanische Frau zum Wasserholen. Jesus sagte zu ihr: „Wer dieses Wasser trinkt, wird wieder durstig. Wer aber von dem Wasser trinkt, das ich ihm gebe, wird niemals mehr Durst haben. Ich gebe ihm Wasser, das in ihm zu einer Quelle wird, die ewiges Leben schenkt." (Joh 4, 4.5.6.7.13.14; GN)

Bin ich innerlich ausgetrocknet, verdorrt, lieblos bis auf die Knochen, dann brauche ich Wasser, um wieder aufzublühen. Dieses Wasser heißt: Liebe.
Und diese Liebe heißt: Jesus. Und dieser Jesus ist das Wasser, die Liebe, das Leben, die ich für ein gelungenes Leben brauche – die ich brauche, um in dieser Welt Frucht zu tragen und in der neuen Welt voll aufzublühen.

Gott, laß in mir deine Quelle sprudeln. Amen.

29. Oktober

Am Schaftor in Jerusalem befindet sich ein Teich mit fünf offenen Hallen. Auf hebräisch wird er Betesda genannt. Eine große Anzahl von Kranken lag ständig in den Hallen: Blinde, Gelähmte und Schwindsüchtige. Unter ihnen war auch ein Mann, der seit achtunddreißig Jahren krank war. Jesus sah ihn dort liegen und fragte ihn: „Willst du gesund werden?" (Joh 5, 2–5.6; GN)

„Willst du gesund werden?" Könnte deutlicher zum Ausdruck kommen, daß Gott sich uns nicht um jeden Preis aufdrängen, daß er uns sein Heil nicht mit Gewalt überstülpen will? Er läßt uns unsere Würde als freie Menschen. Ich bin aufgerufen, in Freiheit Ja oder Nein zu Gott und seinem Wirken zu sagen, sein Angebot zum Leben anzunehmen oder abzulehnen. Und ich sollte nach Gottes Vorbild mich anderen Menschen nicht zu deren tatsächlichem oder vermutetem Glück aufdrängen.

Gott, ich danke dir, daß du mich nicht zum Glauben und zum Heil zwingst. Amen.

30. Oktober

Viele seiner Anhänger sagten: „Was er da redet, geht zu weit! So etwas kann man nicht mit anhören!" – wandten sich von ihm ab und wollten nicht länger mit ihm gehen. Da fragte Jesus seine zwölf Jünger: „Wollt ihr mich auch verlassen?" Simon Petrus antwortete: „Herr, zu wem sonst sollten wir gehen? Deine Worte bringen das ewige Leben. Wir glauben und wissen, daß du der Gesandte Gottes bist." (Joh 6, 60.66.67.68–69; GN)

Wann bin ich mir eigentlich zum letztenmal der knallharten Provokation bewußt geworden, die mir in Gestalt, Botschaft und Leben Jesu, des Gekreuzigten und Auferstandenen, begegnet?
Anders gefragt: Wie gleichgültig ist mir dieser Jesus? Wie sehr habe ich mich an ihn gewöhnt? Wie sehr verniedliche, verkitsche ich ihn?

Gott, laß mir das Ärgernis des Evangeliums stets bewußt sein, laß mich Anstoß nehmen – damit mir das zum Anstoß wird, um so fester bei Jesus zu bleiben und in Glaube, Hoffnung und Liebe zu wachsen. Amen.

31. Oktober

Wer unter euch ohne Sünde ist, werfe den ersten Stein. (Joh 8, 7; LB)

Darf ich den, der Unrecht tut, nicht darauf hinweisen? Muß ich schamhaft schweigen, weil ich selbst nicht besser bin? Nein: Unrecht sollte deutlich benannt werden.
Doch wenn ich sehe, wie anfällig für das Böse ich selbst bin, wenn ich mich trotz meiner Schwächen von Gott liebevoll angenommen weiß, dann begegne ich dem Übeltäter verständnisvoller, liebevoller und werfe keinen Stein, sondern gebe Brot. Verständnis ist als solches gut, nützt auch der tätigen Liebe, kann zudem mein Gefühl verbessern. Aber unbedingt mögen muß ich den Übeltäter nicht – Nächstenliebe bedeutet wesentlich: gefühlsunabhängiges, förderliches Handeln.

Gott, erinnere mich immer an die drei Finger, die auf mich selbst zurückweisen, wenn ich mit dem Finger auf jemand anderen zeige. Amen.

1. November

Einer war krank: Lazarus von Betanien. Als Jesus nun kam, fand er ihn seit vier Tagen schon im Grabe. Wie Jesus sie nun weinen sah, fuhr er im Geist jäh auf und geriet durcheinander. Jesus weinte. (Joh 11, 1.17.33.35; NT)

Ein Gott, der in Jesus menschliches Fleisch und Blut annimmt – der ein Mensch mit Erregungen und Gefühlen wird – ein Mensch, der seinen Gefühlen freien Lauf läßt, Tränen weint – auch darin ist Jesus Vorbild für uns: Wir brauchen uns unserer Gefühle, unserer Tränen nicht zu schämen, brauchen sie nicht zu unterdrücken.
Wer sich nach außen hin völlig blutleer und kühl zeigt, in dem brodelt es innerlich gewaltig, bis hin zu seelischen Verkrümmungen oder zur bösen Explosion.

Gott, hilf mir, daß ich nicht nur aus dem Kopf lebe, sondern auch aus Herz und Bauch und damit als wirklicher Mensch. Amen.

2. November

Ich sage euch: Das Weizenkorn muß in die Erde fallen und sterben, sonst bleibt es ein einzelnes Korn. Aber wenn es stirbt, bringt es viel Frucht. Wer sein Leben liebt, wird es verlieren. Wer aber sein Leben in dieser Welt geringachtet, wird es für das ewige Leben bewahren. Wer mir dienen will, muß denselben Weg gehen wie ich, und wo ich bin, wird mein Diener auch sein. (Joh 12, 24–25.26; GN)

Sinnvoll und gut: Eigenliebe als eigennütziges Handeln, Lebenslust. Doch kann´s in Eigensucht und Lebenssucht ausarten – in krampfhaftes Bemühen, von jedem Regentropfen verschont zu bleiben, den besten Platz an der Sonne zu erwischen, auf Kosten anderer. Vielleicht noch verbunden mit übermäßigen Gefühlen rührseliger Selbstverliebtheit. Dauerndes Kreisen um sich macht auch blind für Gott und Menschen. Gesundes „Ja" zur Selbstliebe und zur liebenden, dienenden Hingabe an andere, gelassenes „Ja" zu Regen und Sturm als Reifungsstufen – das allein bringt Frucht, wächst ins umfassende Leben.

Gott, bewahre mich vor ichversessener Hemmungslosigkeit und Selbstanbetung, vor der Krankheit des Egoismus, vor Lebenssucht, die zum Lebensverlust führt. Amen.

3. November

Jesus antwortete ihnen: In der Welt habt ihr Angst; aber seid getrost, ich habe die Welt überwunden. (Joh 16, 31.33; LB)

Die Welt ist kein Paradies – es kracht und knirscht in allen Winkeln. Deshalb sind bei mir Angst und Furcht. Ohne sie zu verleugnen, setze ich gleichzeitig hinter mein Bekenntnis zur Angst das große „Aber": Ja, ich habe Angst, ABER: Da ist einer, der diese Angst- und Todeswelt überwunden hat und mich an seinem Sieg teilhaben läßt. Jesus ist keine Glücksdroge, die mich hier angstfrei macht. Doch inmitten meiner Ängste bin ich getragen, stürze nie ins Bodenlose – und es wartet auf mich die göttliche Welt ohne Angst, ohne Leiden, ohne Tod.

Gott, hab Dank, daß du mich mit meinen Ängsten nicht alleine läßt. Amen.

4. November

Das ist das ewige Leben: dich, den einzigen wahren Gott zu erkennen und Jesus Christus, den du gesandt hast. (Joh 17, 3; EÜ)

Das Leben, das Gott uns schenkt, ist kein bloßes Existieren – es meint erfülltes, beglückendes Leben, Aufatmen in Gott, Befreiung durch Jesus. Vollkommen sollen wir das nach dem Tod erfahren.
Aber schon jetzt dürfen wir Bruchstücke ewigen Lebens schmecken: in beglückenden Augenblicken, wo wir Gott als Heiland spüren, wo wir seine Geschenke wahrnehmen in menschlicher Lust und Liebe, in Schönheiten der Erde. Und wollen wir andeuten, was ewiges Leben ist, dann so: Es ist wie meine schönsten Augenblicke – nur unendlich viel schöner!

Gott, stärke meine frohe Hoffnung, daß ewiges Leben nicht ein endloses, ödes Weiterexistieren ist, sondern vollkommene Beglückung in dir. Amen.

5. November

Als nun Jesus den Essig genommen hatte, sprach er: Es ist vollbracht! und neigte das Haupt und verschied. (Joh 19, 30; EÜ)

Das größte Wort der Weltgeschichte: ES IST VOLLBRACHT! Der Weg der Liebe ist vollbracht, Jesus hat sich für mich zu Tode geliebt. Ich, immer wieder ins Dunkle verstrickt – ich, durch den Abgrund der Schuld von meiner eigentlichen Bestimmung getrennt, von Freiheit, Liebe, Leben, Gott – ich habe einen Befreier, der mit äußerster Kraft der Liebe die Kluft meiner Schuld auffüllt.
Ihn, meinen hingerichteten, mit mir solidarischen Bruder von Herzen anzunehmen, in ihm den liebenden und gerechten Gott wahrzunehmen – das ist meine Befreiung.

Gott, ich danke dir, daß ich zum aufrechten Gang, zum Leben, zum Himmel, zu dir und den Menschen finden darf, wenn ich unter Jesu Kreuz das Knie beuge. Amen.

6. November

Maria stand draußen vor dem Grab und weinte – und sah Jesus dastehen, wußte aber nicht, daß es Jesus war. Sie meinte, es sei der Gärtner. Jesus sagte zu ihr: Maria! Da wandte sie sich ihm zu und sagte auf hebräisch zu ihm: Rabbuni!, das heißt: Meister. (Joh 20, 11.14.15.16; EÜ)

Wenn ich hoffnungslos bin, Gottes Dasein und Nahsein nicht mehr wahrnehme, dann kann es mir ähnlich ergehen wie Maria Magdalena bei ihrer Begegnung mit dem Auferstandenen. Plötzlich höre ich eine Stimme, die mich ganz persönlich anredet – vielleicht angesichts Notleidender – oder in traumhaften Momenten – oder nur so in meiner Hoffnungslosigkeit. Dieses eine Wort wirft mich um, ich spüre: Gott ist da und nah, entzündet mein Herz zu Glauben, Vertrauen, Liebe.

Gott, begegne mir stets neu, rede mich persönlich an, damit ich auflebe. Amen.

7. November

Thomas war nicht bei ihnen, als Jesus kam. Er sprach: Wenn ich nicht in seinen Händen sehe die Nägelmale, kann ich´s nicht glauben. Und nach acht Tagen kommt Jesus und spricht zu Thomas: Reiche deinen Finger her und sieh meine Hände, und sei nicht ungläubig, sondern gläubig! Thomas sprach zu ihm: Mein Herr und mein Gott! Spricht Jesus zu ihm: Selig sind, die nicht sehen und doch glauben! (Joh 20, 24.25.26.27.28.29; LB)

Die Auferstehung Jesu erweist ihn und sein Wort als göttlich. Sie ist Fundament des Glaubens – und Anlaß zum Zweifel. Thomas bleibt trotz Zweifeln Jesus treu – und da passiert das Umwerfende: Der Auferstandene erscheint, läßt ihn die Todeswunden sehen, die Zeichen äußerster Liebe, überwältigt ihn mit seiner Liebe – und Thomas glaubt. Auch wir sind mit unseren Zweifeln bei Jesus gut aufgehoben, auch uns baut er Brücken: Wir sehen ihn nicht, dürfen ihn aber mit Sinnen des Herzens erfahren – in heiligem Wort und Zeichen –, dürfen glauben.

Gott, laß mich Zweifler deine liebevolle Nähe erfahren, um tiefer zu glauben. Amen.

8. November

Danach erschien Jesus selbst abermals den Jüngern am See von Tiberias. Beisammen waren Simon Petrus, Thomas und Natanael, die Söhne des Zebedäus und zwei andere von seinen Jüngern. Sagt Simon Petrus zu ihnen: Ich gehe fischen. Und stiegen ins Boot – in jener Nacht aber fingen sie nichts. Als es schon Morgen wurde, stand Jesus am Ufer. Die Jünger wußten freilich nicht, daß es Jesus war. (Joh 21, 1.2.3.4; NT)

Die Jünger im Boot – am Ufer der auferstandene Jesus in seiner neuen, geheimnisvoll-verklärten Leiblichkeit – und zuerst erkennen sie ihn gar nicht.
Auch ich: unterwegs auf dem Wasser, dem Meer meines Lebens, umgeben vom Dunkel der Nacht, der Schmerzen und bangen Fragen – voraus das Ufer, und wenn ich dort anlande, dämmert unendlich zart der Morgen meiner Ewigkeit – und am Ufer erwartet mich Jesus – und ich weiß sofort, daß es Jesus ist – daß ich am Ziel meiner Sehnsucht bin.

Gott, ich danke dir für meine große, helle Zukunft. Amen.

9. November

Ihr werdet die Kraft des Heiligen Geistes empfangen, der auf euch herabkommen wird. (Apg 1, 8; EÜ)

Unser guter Wille und das Vollbringen liegen oft weit auseinander. Die Verheißung gilt: göttliche Kraft für die vor uns liegenden Wege – Feuersglut, die unsere Herzen entzündet – Heiliger Geist, der zum Vollbringen antreibt und ungeahnte Fähigkeiten in uns weckt, der unsere Wüste erblühen läßt, unsere Bruchstücke vollendet.
Wir brauchen uns ihm nur zu öffnen.

Gott, stärke mich mit deiner Kraft. Amen.

10. November

Während Petrus und Johannes noch zu der Menge sprachen, traten ihnen die Priester und die Sadduzäer mit dem Kommandanten der Tempelwache entgegen. Sie waren aufgebracht, weil die Apostel zum Volk von der Auferstehung der Toten sprachen; die Apostel bezeugten nämlich, daß Jesus vom Tod auferstanden sei. (Apg 4, 1–2; GN)

Weltzugewandte, mutige Apostel – kurz zuvor noch, Jesus war eben hingerichtet, haben sie sich ängstlich verbarrikadiert! Doch Gewaltiges ist geschehen: Das Leben ist bei ihnen eingebrochen – Jesus, der Auferstandene, und die Feuerskraft des Heiligen Geistes. Sage niemand, ihm könne das nicht passieren!
Es kann passieren und es passiert, daß ich befreit werde aus Einsamkeit, Furcht, aus meinen Ketten, und frei werde in mir selbst, frei für Gott und Menschen – so wahr Jesus lebt und Gottes Geist ausgegossen wird, heute!

Gott, hol mich aus meinen Dunkelheiten. Amen.

11. November

Die Gemeinde der Gläubigen war ein Herz und eine Seele. (Apg 4, 32; EÜ)

Ein Herz und eine Seele – das klingt nach scheinheiliger Idylle. Und natürlich gab es auch damals schon Auseinandersetzungen – alles andere wäre nicht normal, wäre langweilig, unfruchtbar, falsche Harmonie.
Aber: Solch ein Ringen um Wahrheit muß getragen sein von Liebe, geduldigem Einander-Zuhören, Offenheit für die Meinung des anderen Menschen, Lernbereitschaft. Wenn wir auf diese Weise ein Herz und eine Seele sind, dann spüren wir die aufbauende Kraft eines geschwisterlichen Streits.

Gott, gib mir Mut und Stärke zur fairen Auseinandersetzung. Amen.

12. November

Die Liebe Gottes ist ausgegossen in unsere Herzen durch den Heiligen Geist, der uns gegeben ist. (Röm 5, 5; EÜ)

Göttliches Liebesfeuer, Himmel IN MIR – in meinem erdenschweren, sonst so trägen Herzen! In mir am Werk, immer wieder neu geschenkte Gabe – wenn ich mich danach sehne, darum bete. Nicht, daß ich dann schon vollkommen bin, aber ich müder Krieger werde ein Stückweit verwandelt in einen phantasievollen Kämpfer aus Liebe. Heiliger Geist – jetzt noch nicht das ganze Geschenk, sondern Vorahnung dessen, was mich einmal erwartet: die Fülle göttlichen Geistes und in ihr, durch sie meine Vollendung.

Gott, verwandle mich mehr und mehr in deiner Liebe. Amen.

13. November

Wo die Sünde ihr volles Maß erreicht hat, dort übersteigt Gottes Liebe alles Maß. (Röm 5, 20; GN)

Starker Trost: Die Liebe ist stärker als die Lieblosigkeit! Nicht, daß wir durch Liebe das Böse völlig ausrotten, die Erde zum Paradies machen können – dazu haben wir keine Macht, die Wirklichkeit zeigt es. Aber: Wir können täglich in konkreten Situationen die Lieblosigkeit anderer durch Liebe besiegen.
Und: Wo wir selbst lieblos handeln, ist Gottes Gnade und Liebe in Jesus Christus stärker als unsere Schuld, dürfen wir erlöst aufatmen. Und einmal wird dann doch die Liebe völlig über Sünde und Tod siegen, wird Gott die neue Welt schaffen.

Gott, ich freue mich über die Macht deiner Gnade, die besiegende Kraft der Liebe. Amen.

14. November

Nicht das Gute, das ich will, tue ich, sondern das Üble, das ich nicht will, das mache ich. Ich unseliger Mensch! Wer wird mich diesem Todesleib entreißen? Die Gnade Gottes durch Jesus den Messias, unseren Herrn! (Röm 7, 19.24.25; NT)

Aussichtlos verstrickt ins Böse, nur noch Resignation? Bloß nicht! Die Tatsache anerkennen, daß ich immer wieder falle, böse handle, schuldig werde, ist das eine – und dieses Anerkennen, dieses Erkennen und Bekennen ist notwendig, um mich dann auf eine hellere Zukunft hin auszurichten.
Ich werde zwar nie perfekt sein, habe aber durchaus die Chance, täglich etwas besser zu werden – das ist das andere. Meine Schuld ist eine „glückliche" Schuld – Gott selbst wird in Jesus mein Befreier von alter Last und gibt mir Kraft zum erfüllenderen Menschsein.

Gott, hab Dank, daß ich nicht auf der Stelle treten muß. Amen.

15. November

Ich bin überzeugt, daß die Leiden der gegenwärtigen Zeit nichts bedeuten im Vergleich zu der Herrlichkeit, die an uns offenbar werden soll. (Röm 8, 1; EÜ)

Billiges Vertrösten? Verharmlosen des Leidens? Mißachten der leidenden Kreatur? Nein, sondern die Aufforderung: Versuch, dir dennoch den Blick nach vorn hin zu bewahren, dich nicht in einen dunklen Teufelskreis zu verrennen!
Nimm dies als tröstliche Ermutigung: Es gibt in jedem Leiden erleichternde Lichtblicke, Zukunftsaussichten! Gott geht an deiner Seite, führt dich, ist dir hautnah im leidenden Jesus, und hinter dem Kreuz schimmert ein ewiges Morgenrot – die größte Perspektive für dich!

Gott, laß mich im Leiden nicht mutlos werden. Amen.

16. November

Ist Gott für uns, wer ist dann gegen uns? (Röm 8, 31; EÜ)

Natürlich ist oft genug etwas gegen mich, natürlich schlagen mir tausend Sachen über dem Kopf zusammen, aber: Ich sollte mir mitten in den Schwierigkeiten einen offenen Blick bewahren für Gottes Hand, in der ich trotz allem geborgen bin; ein offenes Ohr für Gottes Stimme:
„Ich bin ein Gott für dich, bin für dich da, an deiner Seite, auf deiner Seite – das ist wichtiger als alles, was gegen dich steht – du bist auf der Siegerseite!"

Gott, ich freue mich, daß mir durch deinen Beistand das Dunkle letztlich nichts anhaben kann. Amen.

17. November

Hat Gott sein eigenes Volk verstoßen? Das kann nicht sein! Ich selbst bin ja ein Israelit, ein Nachkomme Abrahams. Gott hat das Volk, das er von Anfang an erwählt hatte, nicht verstoßen. Ich richte mich jetzt an die Nichtjuden unter euch: Obwohl ihr von einem wilden Ölbaum stammt, habt ihr jetzt Anteil an den guten Säften des echten Ölbaums. Nicht ihr tragt die Wurzel, sondern die Wurzel trägt euch! (Röm 11, 1.2.13.17.18; GN)

Einem bis heute auch im christlichen Raum noch vorhandenen Antisemitismus zum Trotz: Gott liebt sein Israel, hat es nicht verstoßen. Zwar wurde in Jesus ein neuer Bund geschlossen, aber das christliche Volk tritt nicht eigentlich an Israels Stelle – es verkörpert vielmehr jenes Israel, das seine Sehnsucht nach dem Messias in Jesus erfüllt sieht.
Wenn wir gegen Juden eingestellt sind, nur weil sie Juden sind, sind wir als Zweige gegen den eigenen Stamm, gegen unsere Wurzel. Und wenden uns gegen die, die Gott liebt. Und treten die Nächstenliebe mit Füßen.

Gott, mach mich unempfänglich für jede Art von Antisemitismus. Amen.

18. November

Gleicht euch nicht dieser Welt an. (Röm 12, 2; EÜ)

Paß dich Gottes Gedanken der Liebe und des Friedens an! Paß dich bloß nicht dem wechselnden Zeitgeist, den zerstörerischen Regeln einer gottabgewandten Welt an! Fall aus dem Rahmen!
Funktioniere nicht geschmeidig! Sei Sand, nicht Öl im Getriebe der Welt! Ich – unangepaßt?

Gott, gib mir Mut zum Anderssein. Amen.

19. November

Das Wort vom Kreuz ist denen, die zugrunde gehen: Aberwitz. Denen aber, die gerettet werden, ist es: Gottes Kraft. Denn nachdem die Welt durch ihre Weisheit Gott nicht erkannte, gefiel es Gott: durch den Aberwitz der Verkündigung die Glaubenden zu retten – verkünden wir einen gekreuzigten Messias; ein Ärgernis, ein Aberwitz. Der Aberwitz Gottes ist weiser als die Menschen. (1 Kor 1, 18.21.23.25; NT)

Als Zumutung uns viel zu selten bewußt: Im Zentrum des Christentums steht nicht eine schöne Idee von zwischenmenschlicher Harmonie, keine abgeklärte Selbstversenkung, sondern ein grausam Hingerichteter.
Wir verharmlosen die Provokation, machen das Kreuz zum Schmuckstück – und vergessen: Es ist brutales Hinrichtungsinstrument – das zum Erlösungszeichen wurde, denn: Die äußerste Liebe Jesu in Leid und Kreuz befreit mich aus meiner Gottesferne. Tröstlich auch: In Jesus wird Gott Mensch, der nicht nur für mich, sondern solidarisch mit mir leidet.

Gott, mach mir das Kreuz zum heilsamen Ärgernis. Amen.

20. November

Ich wollte ja, alle Menschen wären wie ich. Doch: Jeder hat seine besondere Gnadengabe von Gott – der eine so, der andere so. (1 Kor 7, 7; NT)

Wenn du dich in der Welt umschaust, denkst du manchmal: Wären doch alle Menschen so wie ich – dann sähe es besser mit der Welt aus! Dahinter steckt eine riesige Portion Selbstüberschätzung, Selbstüberhebung, ein Ignorieren eigener Schwächen.
Und vor allem: Eine solche Welt wäre todlangweilig und zum Scheitern verurteilt! Die Welt lebt von der Vielfalt unter den Menschen, der Vielfalt ihrer Begabungen. Wie gut, daß jeder Mensch eine einmalige Persönlichkeit mit besonderen Talenten ist!

Gott, ich danke dir für die bunte Vielfalt auf der Erde, in meiner näheren Umgebung und dafür, daß ich durch meine Fähigkeiten selbst eine Bereicherung sein darf. Amen.

21. November

Die Zeit ist kurz. (1 Kor 7, 29; EÜ)

Die Zeit der Welt verrinnt rasch – und meine eigene Lebensspanne ist kurz, genau abgemessen. Ich bin nicht ewig auf der Erde. Und bekomme auch kein bißchen Zeit hinzugeschenkt, um dies oder das noch zu tun, nachzuholen – selbst wenn ich Gott tausendmal darum bitte.
Ich muß akzeptieren, gelassen bejahen, daß meine Zeit begrenzt ist. Was ich Gott bitten kann: daß ich die Zeit, die mir zur Verfügung steht, sinnvoll ausnütze, nicht verplempere, daß ich gewissenhaft und verantwortungsvoll da bin für Gott, die Menschen, die Natur, mich selbst.

Gott, laß mich meine Zeit mit ganzem Herzen, mit Leib, Geist und Seele auskaufen. Amen.

22. November

Wißt ihr nicht, daß die Läufer im Stadion alle laufen? Doch nur einer holt den Kampfpreis. Lauft so, daß ihr ihn erlangt. Jeder Wettkämpfer übt Selbstzucht in allem. (1 Kor 9, 24.25; NT)

Ich muß in meinem Einsatz für Gott und Menschen bis an meine Grenzen gehen – muß die Grenzen dazu erst einmal kennenlernen, muß alles wagen, Opfer auf mich nehmen, mit ganzer Kraft laufen. Richte ich mich dagegen behaglich-brav in meiner bürgerlichen Idylle ein, dann bin ich untauglich für den mir aufgetragenen geistigen Kampf, den wagemutigen, Kräfte fordernden Einsatz für Gottes Reich des Glaubens, der Hoffnung, der Liebe. Aber: Es ist ein Langstrekkenlauf – ich muß mit meinen Kräften haushalten, sie gezielt einsetzen.

Gott, stärke mich zum vollem Einsatz für das Gute. Amen.

23. November

Gott hält sein Versprechen und läßt nicht zu, daß die Prüfung über eure Kraft geht. Wenn er euch auf die Probe stellen läßt, sorgt er auch dafür, daß ihr bestehen könnt. (1 Kor 10, 13; GN)

Wir sind oft genug in der Situation, daß wir sagen: „Das schaffe ich nicht mehr – das übersteigt meine Kräfte!" Gott möchte, daß wir ihm vertrauen und in dieses Vertrauen auch die Hoffnung einbetten, daß es keine Situation gibt, der wir nicht gewachsen wären.
Alles, was uns widerfährt, alles, was uns an harten Situationen begegnet, ist auf uns zugeschnitten – wir sollen nur die Prüfungen bestehen, die wir auch bestehen können und zum Prozeß unseres inneren Wachsens und Reifens gehören.

Gott, ich bin beruhigt und dankbar, daß du genau um meine Kraft und die Grenzen meiner Kraft weißt. Amen.

24. November

Wenn ich all meinen Besitz verteilte, aber ich hätte keine Liebe –, dann wäre es alles umsonst. (1 Kor 13, 3; GN)

Tue ich etwas, das nach Nächstenliebe aussieht, doch in Wirklichkeit einzig um meiner selbst willen geschieht, bringt mir das letztlich nichts. Soll gutes Handeln bloß mein Gewissen beruhigen, meinem Ansehen oder dem eigenen Anrechtsschein auf den Himmel dienen, mag ich zwar vor mir und in den Augen anderer besser dastehen, aus Gottes Sicht aber bringt es mir nichts, nichts für die Ewigkeit.
Nur wenn mein gutes Tun ganz, wenigstens teilweise uneigennützig ist, wirklich NÄCHSTEN–Liebe, ohne Blick auf eigene Vorteile in Zeit und Ewigkeit – dann nützt genau dieser Uneigennutz mir selbst für ewig.

Gott, befähige mich zur reinen Liebe. Amen.

25. November

Ist Christus nicht auferstanden, so ist euer ganzer Glaube vergeblich. Aber Christus *ist* vom Tod erweckt worden, und das gibt uns die Gewähr dafür, daß auch die übrigen Toten auferstehen werden. (1 Kor 15, 17.20; GN)

Fundament des Glaubens: Jesu Auferstehung. Der Hingerichtete ersteht zum neuen Leben, zur verklärten Leiblichkeit – erscheint und entschwindet – wird sinnenhaft erfahren, doch zugleich in veränderter Art wahrgenommen – wird nicht und doch erkannt – geht geheimnisvoll ein in die göttliche Welt – das sprengt alle üblichen Dimensionen! Die Auferstehung bestätigt Jesus und sein Wort als göttlich – und von daher erst kann ich im Kreuz das Erlösungszeichen sehen und an den Christus glauben, der wiederkommt und die Welt richtet und vollendet.

Gott, halt mich auf dem Fundament des Glaubens, der Auferstehung Jesu. Amen.

26. November

Gott – erstrahlt ist er in unseren Herzen; auf daß aufleuchte die Erkenntnis der Herrlichkeit Gottes – im Angesicht Jesu des Messias. Wir haben jedoch diesen Schatz in irdenen Gefäßen. Allseits bedrängt – sind wir doch nicht geängstet; weglos, doch nicht ausweglos. Betrübnis, die dem Sinnen Gottes gemäß ist, bewirkt ja Umkehr zur Rettung. (2 Kor 4, 6.7.8; 7,10; NT)

Weil wir den Schatz unseres Glaubens nur in anfälligen Gefäßen tragen, gehört der Zweifel wie ein Zwilling zum Glauben. Und das ist auch gut so. Wer vorschnell „Ja" zu dem sagt, was der Glaube von ihm fordert, weiß vermutlich gar nicht richtig, worum es geht, macht sich ein zu harmloses Bild von Jesus.
Meine bedrängenden Zweifel aber können Prozesse der Reinigung bewirken, der genaueren Wahrnehmung. Die Zumutung des Glaubens erfordert vor jedem „Ja" ein „Nein".

Gott, ich danke dir für meinen Unglauben, wo er heilsame Vorstufe zum gereinigten, vertieften Glauben ist. Amen.

27. November

Das Sichtbare ist vergänglich, das Unsichtbare ist ewig. Wenn unser irdisches Zelt abgebrochen wird, dann haben wir eine Wohnung von Gott, ein ewiges Haus im Himmel. (2 Kor 4, 18; 5, 1; EÜ)

Wenn ich um den Abbruch meiner irdischen Behausung weiß und um das Ende aller Dinge – wenn ich um die Erfüllung weiß, die ich jenseits der Todesgrenze erfahren soll – dann wird mir das die Furcht vor dem Tod zwar nicht ganz nehmen können, doch ich blicke gelassener nach vorn – und blicke zugleich gelassener aufs Heute, bin weniger fanatisch, verbohrt, aufgeregt.
Ich nehme das Heute aus Gottes Hand an, lebe es bewußt, koste es voll aus – im Wissen, daß alles vergänglich ist, aber zugleich ohne Weltschmerz.

Gott, gib mir Gelassenheit im Blick aufs Ende und mit Blick vom Ende. Amen.

28. November

Wir leben zwar in dieser Welt, kämpfen aber nicht mit den Waffen dieser Welt. Die Waffen, die wir bei unserem Feldzug einsetzen, sind nicht irdisch, aber sie haben durch Gott die Macht, Festungen zu schleifen. (2 Kor 10, 3.4; EÜ)

Wir sollen Armee des Heils, des Friedens sein – das hört sich fast militaristisch an. Aber: Unsere Waffen sind nicht Gewehre und Panzer, nicht „echte" Waffen, auch nicht Haß und brutaler Egoismus, sondern: Liebe, Glaube, Hoffnung – die stärksten Waffen der Welt, weil sie Herzen verwandeln, wahren Frieden bringen.
Zugleich sind sie Schutzanzug gegen das Böse. Nennen wir uns also ruhig mal „Armee des Heils", um uns unserer geistigen Waffen, unseres hohen Auftrags bewußt zu werden – Christsein ist beileibe kein reines Zuckerlecken!

Gott, laß mich diszipliniert im harten Kampf der Liebe und Gewaltlosigkeit gegen Bosheit und Gewalt stehen. Amen.

29. November

Ich bin fest überzeugt, daß ich euren Superaposteln in nichts nachstehe. Niemand soll glauben, ich sei nicht ganz bei Verstand. Aber wenn es einer so meint, dann soll er es eben so nehmen, damit ich mich auch ein klein wenig anpreisen kann. Weil so viele sich auf ihre Vorzüge berufen, will ich es auch einmal tun. (2 Kor 11, 15.16.18; GN)

Auch wenn Paulus das Eigenlob hier ironisch meint – es ist gar nicht so übel, sich nach Anstrengungen und Erfolg einmal selbst kräftig zu loben – im stillen Kämmerlein oder, ohne Prahlerei, vor anderen. Es ist nicht übel, sich fernab falscher Bescheidenheit von anderen anerkennend auf die Schulter klopfen zu lassen.
Freude über Erreichtes, Stolz auf mich, Lob und Anerkennung – das brauche ich, um selbstbewußt aufzublühen. Und – nicht vergessen: Dankbarkeit gegenüber dem Gott, der mir liebend und helfend zur Seite steht.

Gott, befreie mich von der Hemmung, auf mich selbst einmal stolz zu sein. Amen.

30. November

„Du brauchst nicht mehr als meine Gnade. Je schwächer du bist, desto mehr erweist sich an dir meine Macht." Jetzt trage ich meine Schwäche gern, ja ich bin stolz darauf, damit die Kraft Christi sich an mir erweisen kann. Weil er mir zur Hilfe kommt, freue ich mich über Schwierigkeiten. Denn gerade wenn ich schwach bin, bin ich stark. (2 Kor 12, 9.10; GN)

Gott steht mir in meinen Schwachheiten, gerade in meinen Leiden, zur Seite. Gott gibt mir Kraft hinauszukommen, sie zu überwinden: sie zu heilen, zumindest mich im Geist darüber zu erheben und sie ohne Verzweiflung zu tragen. Und Gott gibt mir Kraft, im Leiden zu reifen, gelassener zu werden, menschlicher, stärker.
Ich bin meinen Schwachheiten nicht hilflos ausgeliefert, brauche nicht mit Haß auf mich und andere zu reagieren, mich auch nicht dreinzufügen, sondern stehe zu meinem Schwachsein und kann es mit Gottes Hilfe überwinden.

Gott, stärke mich. Amen.

1. Dezember

Zur Freiheit hat uns Christus befreit. (Gal 5, 1; EÜ)

Wir sind als Ebenbild Gottes erschaffen, sind freie Menschen – frei für das Gute oder für das Böse. Wenn wir uns für das Böse entscheiden, gegen Glaube, Hoffnung und Liebe handeln und damit sündigen, geraten wir in die Verstrickung, die Unfreiheit der Schuld.
Wenn wir die Liebestat des gekreuzigten Christus im Glauben annehmen, werden wir aus dieser schuldhaften Verstrickung befreit. DAS ist die Freiheit, die Christus uns schenkt – und die uns frei macht auf Gott hin, die uns befreit zum Einsatz für umfassende menschliche Freiheit.

Gott, laß mich Freiheit finden und erfinderisch sein im Einsatz für die Freiheit. Amen.

2. Dezember

Einer soll dem anderen helfen, seine Lasten zu tragen. So erfüllt ihr das Gesetz Christi. (Gal 6, 2; GN)

Das ist ja ganz schön hart – ich, der ich selbst täglich unter irgendwelchen Lasten stöhne, soll noch die Lasten anderer mittragen, erleichtern helfen? Doch ich kann es auch so sehen: Ich mit meinen Lasten erwarte oft genug von anderen, daß sie mir ein Rundum-Beistand sind. Und vergesse dabei, daß die anderen ja ebenfalls ihre Lasten haben.
Wenn ich das erkenne, kann ich begreifen, daß weder ein anderer mir, noch ich dem anderen alle Bedürfnisse befriedigen kann. Aber: Wo immer es möglich ist, sollte man einander liebevoll helfen.

Gott, laß mich im Rahmen meiner Möglichkeiten anderen ihre Last erleichtern. Amen.

3. Dezember

So sollen wir alle zur Einheit im Glauben und in der Erkenntnis des Sohnes Gottes gelangen, damit wir zum vollkommenen Menschen werden und Christus in seiner vollkommenen Gestalt darstellen. Wir sollen nicht mehr unmündige Kinder sein, ein Spiel der Wellen. Wir wollen uns, von der Liebe geleitet, an die Wahrheit halten, und in allem wachsen, bis wir ihn erreicht haben. Er, Christus, ist das Haupt. (Eph 4, 13.14.15; EÜ)

Dynamik, Entwicklung, Vorwärtskommen ist im Reich Gottes gefragt – und auch von mir gefordert in Sachen Glaube, Hoffnung und Liebe. Stillstand ist Sünde – weil ich mein Wachstum im Guten versäume. Stillstand ist mein geistiger Tod. Ich soll mich mehr und mehr auf Christus hin entwickeln. Ist das nicht eine Fehlentwicklung? Sollte ich mich nicht besser zu mir selbst hin entfalten, unter Nutzung aller Möglichkeiten, die in mir sind? Doch nur, wenn ich auf Christus hin wachse, gelingt mir auch immer mehr mein eigenes Menschsein.

Gott, laß mich zum vollkommenen Menschen hin wachsen, durch Christus, mit ihm und in ihm. Amen.

4. Dezember

Erneuert euren Geist und Sinn! Zieht den neuen Menschen an, der nach dem Bild Gottes geschaffen ist in wahrer Gerechtigkeit und Heiligkeit. Legt deshalb die Lüge ab und redet untereinander die Wahrheit. (Eph 4, 23–24.25; EÜ)

Ich kann andere belügen – aus Habsucht, Geltungssucht, kriecherischer Höflichkeit, Angst – und wenn ich statt „Nein" aus Feigheit „Ja" sage, kann ich ausgenutzt werden. Ich kann mich auch selbst belügen: mich größenwahnsinnig überschätzen – oder mich aus Drückebergerei kleiner machen vor mir selbst und anderen.
Lug und Trug statt Offenheit, Ehrlichkeit – das ist nicht der richtige Weg zum menschlichen Wohl! Aufrichtigkeit ist gefordert – mir selbst gegenüber und respektvoll anderen gegenüber.

Gott, hilf mir zur Aufrichtigkeit. Amen.

5. Dezember

Vergebt einer dem andern, wie auch Gott euch vergeben hat in Christus. (Eph 4, 32; LB)

Vergeben heißt nicht: vergessen – heißt nicht: Verletzendes unter den Teppich kehren. Vergebung ist ein Akt menschlicher Reife, ein Akt der Nächstenliebe, ohne Gefühlsduselei, unabhängig von persönlicher Abneigung. Ich erkenne: Was der andere mir angetan hat, dazu bin ich im Prinzip auch fähig! Und ich lerne, ohne Verharmlosung nachsichtiger zu sein mit dem eigenen Bösen, mit mir selbst – wie Gott mir verzeiht.
Ich stelle mich unter die Schuldenlast des anderen, bin nachsichtig ihm gegenüber, handle aufbauend und ermögliche den Neuanfang – wie es mir geschenkt wird durch Christus, den sündenlosen Sündenträger.

Gott, gib mir eine bessere Wahrnehmung für mich und andere, um ein versöhnlicher Mensch zu sein. Amen.

6. Dezember

Wandelt wie die Kinder des Lichtes – die Frucht des Lichtes ist lauter Gütigkeit und Gerechtigkeit und Wahrheit. (Eph 5, 9; LB)

Nächstenliebe, so schön der Begriff ist, klingt doch manchmal recht abgegriffen und verschwommen. Wollen wir es etwas konkreter fassen, ohne gleich Tausende von ganz konkreten, handfesten Alltagssituationen der Nächstenliebe aufzuzählen, dann bieten sich diese drei Begriffe als Schlüsselbegriffe an: Gütigkeit – Gerechtigkeit – Wahrheit.
Wir sollten sie uns in Kopf und Herz einbrennen und dann versuchen, sie in den ganz konkreten vielfältigen Alltagssituationen umzusetzen.

Gott, laß mich Gütigkeit, Gerechtigkeit und Wahrheit leben. Amen.

7. Dezember

Christus ist mein Leben. (Phil 1, 21; LB)

Fußball ist mein Leben? Eine Partnerin, ein Partner ist mein Leben? Geld ist mein Leben? Schönheit ist mein Leben? Ein Musik-Idol ist mein Leben? Der Beruf, die Karriere ist mein Leben? Das Auto ist mein Leben? Gesundheit ist mein Leben? Konsum ist mein Leben? Geborgenheit, Friede, Befreiung, die ihren Namen verdienen, tiefste Erfüllung in Zeit und Ewigkeit finde ich nur, wenn ich mit Christus, aus ihm und in ihm lebe – zu ihm finden heißt gleichzeitig: zu mir selbst finden.

Gott, laß mich in dir das wahre Leben erkennen.

8. Dezember

Christus Jesus war in allem Gott gleich, und doch hielt er nicht daran fest, wurde ein Mensch in dieser Welt, erniedrigte sich so tief, daß er sogar den Tod auf sich nahm, ja, den Verbrechertod am Kreuz. Darum hat Gott ihn auch erhöht und ihm den Ehrennamen verliehen, der ihn hoch über alle stellt. Vor Jesus müssen alle niederknien – alle müssen feierlich bekennen: „Jesus Christus ist der Herr!" (Phil 2, 5.6.7.8.9.10.11; GN)

Die Knie vor Jesus beugen, das bedeutet: ihm göttliche Ehre erweisen. Ob man das bei Jesus darf, daran zweifelten selbst einige Jünger, als sie dem auferstandenen Christus vor seinem Hinübergang in die göttliche Welt begegneten. Aber Jesus sagte – und sagt uns in unseren Zweifeln – das beruhigende, starke Wort: „Ja, ihr dürft! Denn mir ist alle Vollmacht im Himmel und auf der Erde gegeben!"
Und darum darf ich ihm göttliche Ehre erweisen, darf niederknien in Verleiblichung meiner ehrfürchtigen Liebe.

Gott, stärke meinen Glauben an die Göttlichkeit Jesu. Amen.

9. Dezember

Alles vermag ich durch ihn, der mir Kraft gibt. (Phil 4, 13; EÜ)

Natürlich kann ich nicht alles – ich bin ja nicht Gott! Die überspitzte Formulierung bringt deutlich zum Ausdruck: In jeder Situation will Gott mir Kräfte schenken, vorhandene Kräfte mobilisieren – gerade dann, wenn ich nur noch wenig Kraft habe; kleine und größere Wunder werden möglich.
Und insofern bin ich jeder Situation gewachsen, kann das Beste aus ihr machen. Also: Resigniere nie!

Gott, ich danke dir für deinen kräftigenden Beistand. Amen.

10. Dezember

Ihr seid mit Christus auferweckt; darum strebt nach dem, was im Himmel ist, wo Christus zur Rechten Gottes sitzt. Richtet euren Sinn auf das Himmlische und nicht auf das Irdische! Denn ihr seid gestorben, und euer Leben ist mit Christus verborgen in Gott. Wenn Christus, unser Leben, offenbar wird, dann werdet auch ihr offenbar werden mit ihm in Herrlichkeit. (Kol 3, 1–4; EÜ)

Also doch: Christentum als Weltflucht? Nein, ich soll ganz in der Welt und zum Guten für die Welt leben, mich an ihr freuen. Aber: Ich soll eine letzte Distanz bewahren – weil das Irdische vergänglich ist und nebensächlich im Vergleich zum Ewigen. Distanz auch insofern, als ich nicht den kalten, lieblosen Weltgesetzen, der Sünde folge.
In der Taufe ist mein altes Ich gestorben, ich wurde auferweckt zum neuen Leben des Glaubens, der Hoffnung, der Liebe – soll mitten im Alltag immer neu zum Guten auferstehen – und einst zur Vollkommenheit.

Gott, erwecke mich täglich neu zu mehr Glaube, Hoffnung und Liebe, zum Guten für die Welt. Amen.

11. Dezember

Das ist Gottes Wille: eure Heiligung. (1 Thess 4, 3; NT)

Gott will nicht, daß wir gebückt, verklemmt, mürrisch, weltfremd durch diese Welt laufen.
Gott will, daß wir als Menschen erhobenen Hauptes im Frieden mit ihm und den Menschen leben – daß wir Freiheit aus schuldhaften Verstrickungen finden und frei sind für Glaube, Hoffnung und Liebe, für Versöhnung – daß wir die Freude und die Gelassenheit der Kinder Gottes haben – daß wir auf diese Weise Heiligkeit, Licht, Güte, Wahrheit mehr und mehr in uns tragen, verwirklichen – bis wir einmal in Gott umfassend zur Heiligkeit gelangen.

Gott, hilf mir, heiliger zu leben. Amen.

12. Dezember

Wir wollen euch über die Verstorbenen nicht in Unkenntnis lassen, damit ihr nicht trauert wie die anderen, die keine Hoffnung haben. Wenn Jesus – und das ist unser Glaube – gestorben und auferstanden ist, dann wird Gott durch Jesus auch die Verstorbenen zusammen mit ihm zur Herrlichkeit führen. (1 Thess 4, 13–14; EÜ)

Unser Glaube ist nicht dazu da, die Trauer, die Tränen, die Verzweiflung beim Tod eines geliebten Menschen zu verdrängen – sie dürfen auch nicht verdrängt werden, lassen sich auch kaum verdrängen, haben ihre Zeit, ihr Recht, ihre Notwendigkeit. Aber – uns wird mitten in die Trauer hinein ein starker Trost zugesprochen: Über dem Sterben liegt der Schimmer der Verklärung. Der auferstandene Christus, dem wir im Leben vertrauen, führt uns durch das dunkle Tal des Todes in die Freiheit und Weite seines Paradieses, macht uns unendlich glücklich.

Gott, laß mich in allen Erfahrungen von Sterben und Tod den Trost der Hoffnung nie verlieren. Amen.

13. Dezember

Gewiß bringt es großen Gewinn, Gott zu dienen, wenn man nur sein Herz nicht an irdischen Besitz hängt. Was haben wir in die Welt mitgebracht? Nichts! Was können wir aus der Welt mitnehmen? Nichts! Wenn wir also Nahrung und Kleidung haben, soll uns das genügen. (1 Tim 6, 6–8; GN)

Die Armut, die wir leben sollen, ist nicht ein Dahinvegetieren ohne Lohn und Brot, ohne Freude und Genuß. Es geht um die Einstellung: Gott und sein Leben hat absoluten Vorrang. Alles andere, etwa Besitz oder Bindungen an Menschen, darf nicht zum Ersatzgott werden, mich von Gott abbringen. Es geht um die Fähigkeit des „Haben, als hätte ich nicht", des Loslassen-Könnens, des Teilens. Helfen kann mir dabei ein Blick von meinem Ende, von Gottes Ewigkeit her – ich sehe die Vergänglichkeit des Irdischen und binde mich nicht zu fest daran.

Gott, mach mich frei für dich, um in dir wahre Freiheit zu finden. Amen.

14. Dezember

Die Zeit meines Abscheidens ist da. Ich habe den guten Kampf gekämpft, den Lauf vollendet, den Glauben bewahrt. (2 Tim 4, 6.7; ZB)

Meinen Tod verdränge ich gern. Ab und zu aber sollte ich ihn mir um meines Lebens willen bewußt vor Augen führen – mich fragen: Wenn heute mein letzter Tag wäre – könnte ich dann im Rückblick tatsächlich sagen: Ich habe mich um das Gute nach besten Kräften bemüht? Komme ich dabei ins Grübeln, dann stimmt etwas nicht – dann begnüge ich mich mit einem kleinen anständigen Leben ohne Strahlkraft, einem faden Glauben in einer sonntäglichen Nische. Was muß ich ändern, um dieselbe Frage morgen, in Rückschau auf den vergangenen Tag, mit „Ja" beantworten zu können?

Gott, laß mich mein Bestes geben. Amen.

15. Dezember

Wir lebten in Bosheit und Neid. Aber dann erschien die Freundlichkeit und Menschenliebe Gottes, unseres Retters. Wir selbst hatten nichts vorzuweisen, womit wir sie verdient hätten; doch Gott hatte Erbarmen mit uns. Er hat uns gerettet und uns zu neuem Leben geboren. Weil Christus uns die Begnadigung erwirkt hat, können wir darauf hoffen, daß er uns ewiges Leben schenkt. (Tit 3, 3.4.7; GN)

Gottes Leben, Liebe, Segen – all das ist Geschenk an mich – frei geschenkt, unverdient. Doch ich habe manchmal Schwierigkeiten mit Geschenken. Andere Leute zu beschenken – das geht ja noch. Aber Geschenke selbst anzunehmen, von Gott, von Menschen?
Da wollen mir andere eine Freude machen, Glück bereiten – und ich verhärte mich! Dahinter kann das Gefühl stecken: Ich verdiene es gar nicht, geliebt, beschenkt zu werden! Doch: Ich bin es wert, geliebt zu werden, darf mich über Zuwendung freuen, mich für Geschenke öffnen!

Gott, hol mich aus meinen Verhärtungen. Amen.

16. Dezember

Es ist der Glaube eine Zuversicht auf das, was man hofft, eine Überzeugung von Dingen, die man nicht sieht. Mose – aus Glauben verließ er Ägypten; er hielt fest an dem Unsichtbaren, als ob er ihn sähe. (Hebr 11, 1.23.27; ZB)

Das ist wirklich ein anderer Glaube als die kraftlosen, ausgedünnten, nebelhaften Glaubensvorstellungen, mit denen wir oft durch den Alltag laufen – die für sich kaum was nütze sind und auch nicht zur Liebe weiterhelfen können.
Mose handelt vorbildhaft: Er rechnet tatsächlich immer mit Gott, der Unsichtbare ist ihm sozusagen sichtbarer Bestandteil seines Alltags. Er lebt in und mit und aus Gott – das gibt Mut, Geborgenheit, Kraft zum Guten, Stärke zum Überwinden.

Gott, mach meinen Glauben lebendig. Amen.

17. Dezember

Etliche wurden gesteinigt, gefoltert, getötet. Deren die Welt nicht wert war, die sind im Elend umhergeirrt. Darum auch wir: Weil wir eine solche Wolke von Zeugen um uns haben, lasset uns ablegen alles, was uns beschwert, und laufen mit Geduld in dem Kampf, der uns bestimmt ist, und aufsehen zu Jesus, dem Anfänger und Vollender des Glaubens. (Hebr 11, 36.37.38; 12, 1.2; LB)

Zivilcourage vollzieht sich in der Masse, aber nicht mit der Masse, sondern gegen sie. Wenn ich der Masse folge, schwimme ich unbeschwert mit dem Strom.
Trete ich jedoch als einzelner energisch für meinen Glauben, für den Frieden, für das Gute ein – dann schwimme ich dem Trend entgegen, dann bin ich in der Masse ein Einzelkämpfer, mit Gottes Hilfe, und Verleumdungen und Angriffen ausgesetzt. Nur dank solcher Einzelkämpfer für Gerechtigkeit und Wahrheit, dank solcher Zivilcourage fließt der Strom nicht so schnell in den Abgrund.

Gott, gib mir Zivilcourage. Amen.

18. Dezember

Macht die erschlafften Hände wieder stark, die wankenden Knie fest, und ebnet die Wege für eure Füße. Strebt voll Eifer nach Frieden mit allen und nach der Heiligung. (Hebr 12, 12.13.14; EÜ)

Wenn du in deinem Einsatz für Gottes Reich über deine Kräfte gegangen bist – etwa so stark mit–leidest, dich für andere so abrakkerst, daß du selbst daran zerbrichst und gar nicht mehr helfen kannst: Leg eine Pause ein, frag dich, ob sich hinter solcher Übertreibung nicht Persönlichkeitsstörungen bei dir verbergen, krieg sie in den Griff! Und dann mach das, was du auch tun solltest, wenn du einfach nur so träge geworden bist: Wag erste neue Schritte!
Jeder Schritt vorwärts ist ein Schritt zum Guten für dich und die Menschen, stärkt dich für den weiteren Weg. Du wirst also nicht müde, sondern spürst bis hin zu deinen Grenzen Kraft und Erfüllung.

Gott, mach mir klar, daß mein Liegenbleiben schlimmer ist als mein Fallen. Amen.

19. Dezember

Die Leiber der Tiere, deren Blut als Sündopfer in das Heilige getragen wird, werden außerhalb des Lagers verbrannt. Darum hat auch Jesus, damit er das Volk heilige durch sein eigenes Blut, gelitten draußen vor dem Tor. So laßt uns nun zu ihm hinausgehen aus dem Lager und seine Schmach tragen. Denn wir haben hier keine bleibende Stadt, sondern die zukünftige suchen wir. Gutes zu tun, vergeßt nicht. (Hebr 13, 11–14.16; LB)

Wer Christus ähnlich wird, hat das Kreuz zu tragen, muß leiden. Nicht als Masochismus, als Selbstquälerei. Sondern: Wenn ich den Weg konsequenter Liebe gehe – wie Jesus, der es zu meiner Befreiung bis ans blutige Ende tat –, dann ist das zwar erfüllend, aber auch mühsam, und ich lebe außerhalb der Norm, werde angefeindet. Das darf mich nicht abschrecken – ich bin auf dem Kreuzweg des wahren Lebens, und er führt mich zum Ostermorgen, zur Lebensfülle der neuen Welt.

Gott, gib mir Mut zum Kreuz, Erfüllung auf diesem Weg und erst recht am Ziel. Amen.

20. Dezember

Seid aber Täter des Worts und nicht Hörer allein; sonst betrügt ihr euch selbst. (Jak 1, 22; LB)

Du kannst querweise erbauende Literatur lesen, gute Ratschläge aufnehmen – kannst dir vorstellen, wie beglückend es wäre, ganz für Gott, die Menschen und dich selbst da zu sein – ein unerschütterliches Gottvertrauen zu haben, dich auch in Schrecknissen nie panisch erschrecken zu können – ohne große Überwindung loslassen zu können – Gottes gute Gaben voll genießen zu können – du kannst dir in deiner Phantasie die schönsten Vorstellungen vom Leben machen – es bringt alles nichts, wenn du es nicht in die Tat umsetzt, Schritt für Schritt!

Gott, laß mich das Evangelium leben, täglich. Amen.

21. Dezember

So seid nun geduldig bis zum Kommen des Herrn. Siehe, der Bauer wartet auf die kostbare Frucht der Erde und ist dabei geduldig, bis sie empfange den Frühregen und Spätregen. Seid auch ihr geduldig und stärkt eure Herzen; denn das Kommen des Herrn ist nahe. (Jak 5, 7; LB)

Ich will alles, und zwar sofort – verständlich bei unserer Sehnsucht nach Vollkommenheit! Und Ungeduld kann auch kreative Kräfte freisetzen. Meist aber endet es in Enttäuschung – weil´s eben meist nicht alles sofort gibt. Wer sich den Frust ersparen will, muß Geduld haben, sie lernen.
Wenn ich glaube, daß ich von Gottes liebender Geduld umfangen bin, kann ich Geduld lernen im Blick auf mich, die Menschen, auf Gott und seinen Jüngsten Tag. Ich vertraue mit langem Atem darauf, daß das Ziel nach und nach, aber in jedem Fall erreicht wird.

Gott, laß mich lernen, im Vertrauen auf dich eines nach dem anderen geduldig zu erwarten. Amen.

22. Dezember

Gott widersteht den Hochmütigen, aber den Demütigen gibt er Gnade. Demütiget euch nun unter die gewaltige Hand Gottes, damit er euch zur rechten Zeit erhöhe! (1 Petr 5, 5.6; ZB)

Echte Demut hat nichts mit unterwürfiger Kriecherei, mit bescheiden wirkender Zurückhaltung zu tun, sondern meint: Mut zum Dienen, starker Mut, für Gott und Menschen da zu sein, für sie zu wirken, den Menschen zu helfen – trotz des Wissens um eigenes Versagen. Hochmut ist die Überheblichkeit, die sich selbst zu Gott macht, das eigene Verhalten als fehlerlos empfindet und andere Menschen von oben herab anschaut, sie womöglich verachtet – bis hin zu nationalistischen Untaten. Wo stehe ich?

Gott, gib mir wahre Demut. Amen.

23. Dezember

Wenn wir behaupten, ohne Schuld zu sein, betrügen wir uns selbst, und die Wahrheit lebt nicht in uns. Wenn wir aber unsere Schuld eingestehen, dürfen wir uns darauf verlassen, daß Gott Wort hält: Er wird uns dann unsere Verfehlungen vergeben und alle Schuld von uns nehmen, die wir auf uns geladen haben. (1 Joh 1, 8–9; GN)

Wir sind alle kleine Sünderlein – die Schlagerzeile zeigt, daß wir es mit der Sünde nicht so ernst nehmen. Doch oft geht es bei uns über das Verharmlosen noch hinaus ins Verdrängen, Ignorieren: Ich bin soweit mit mir zufrieden – bin mir gar nicht mehr bewußt, daß ich täglich lieblos handle, daß ich sündige durch Tun und Unterlassen. Mir fehlt der scharfe Blick für mich selbst, der Blick auf Gott, die Stille vor ihm. Dann werde ich so manches Böse an mir entdecken, kann Kursänderungen vornehmen.

Gott, laß mich nicht blind sein für meine Lieblosigkeiten. Amen.

24. Dezember

Darin ist erschienen die Liebe Gottes unter uns, daß Gott seinen eingebornen Sohn gesandt hat in die Welt zur Versöhnung für unsere Sünden. Hat uns Gott so geliebt, so sollen wir uns auch untereinander lieben. Gott ist Liebe, und wer in der Liebe bleibt, der bleibt in Gott und Gott in ihm. Wir sind in dem Wahrhaftigen, in seinem Sohn Jesus Christus. Dieser ist der wahrhaftige Gott und das ewige Leben. (1 Joh 4, 9.10.11.16; 5, 20; LB)

Inhalt von Weihnachten und Zusammenfassung der frohen Botschaft: Die ewige Liebe nimmt in Jesus Fleisch und Blut an – um uns aus unserer selbstverschuldeten Gottes– und Menschenferne zu befreien – um uns für Gott und Menschen, für die Liebe, das Leben zu befreien – durch Liebe auf dem Weg von der Krippe bis zum Kreuz, durch äußerste Liebe am Kreuz.
Absolut keine Idylle, sondern Entbehrung und Tod aus Liebe. Es hat mit mir, meiner Freiheit, meinem zeitlichen und ewigen Leben zu tun.

Gott, ich danke dir für deine Liebe mir zugut. Amen.

25. Dezember

Jesus Christus, der Erstgeborene von den Toten – der uns liebt und erlöst hat von unsern Sünden mit seinem Blut und uns zu Königen und Priestern gemacht hat – der da ist und der da war und der da kommt, der Allmächtige. (Offb 1, 5.6.8; LB)

Raus aus verharmlosendem Weihnachtskitsch: Über der armseligen Krippe ist längst das Kreuz des Todes und der Befreiung aufgerichtet. Der gekreuzigte Jesus ist der auferstandene, der wiederkommende Christus, der die Welt richtet und vollendet. As Friedenskönig trägt er das Weltall, auch mich, in der Allmacht seiner Liebe. Seine Herrschaft ist eine Dienstschaft der Liebe. Im Frieden mit Gott, soll ich königlich–priesterlich an Christi Friedensreich mitarbeiten.

Gott, laß mich Weihnachten angemessen begehen. Amen.

26. Dezember

Fürchte nichts, was du leiden wirst! Ihr werdet Trübsal haben. Sei getreu bis in den Tod, und ich will dir die Krone des Lebens geben! (Offb 2, 10; ZB)

Der zweite Weihnachtstag ist der Gedenktag des Stephanus, der als erster sein Leben für Christus hingab. Dieser Tag steht in einem harten, merkwürdigen, doch heilsamen Kontrast zum Fest der Geburt Christi. In das festliche Weiß der Weihnacht mischt sich das Rot des Märtyrerbluts.
Der Glaube an den menschgewordenen Gott ist keine Harmlosigkeit, keine Belanglosigkeit, sondern fordert von uns den ganzen Einsatz in Sachen Glaube, Hoffnung und Liebe – fordert Standhalten in Bedrängnissen – fordert manchmal sogar das Äußerste.

Gott, hilf mir, konsequent nach deinem Wort zu leben. Amen.

27. Dezember

Ich sah in der rechten Hand dessen, der sitzt auf dem Thron: ein Buch – versiegelt mit sieben Siegeln. Und keiner vermochte das Buch zu öffnen. Und ich weinte sehr. Und einer der Ältesten sagt: Weine nicht! Gesiegt hat der Löwe aus Judas Stamm, um das Buch zu öffnen und seine sieben Siegel zu lösen. Und die Ältesten fielen nieder und neigten sich tief. (Offb 5, 1.3.4.5.14; NT)

Der Ablauf der Weltgeschichte und unseres eigenen Lebens erscheint uns oft ohne Sinn, absurd und unverständlich – und das macht uns niedergeschlagen. Doch wir dürfen hoffen: Da ist ein Sinn – noch sehr verborgen, versiegelt.
Wir bekommen ihn geoffenbart durch den auferstandenen, sieghaften Christus, in seiner Nähe – nach und nach – bis einmal alle Siegel geöffnet sind und wir den Sinn der Geschichte und unseres Lebens ganz verstehen. Dann werden wir in Freude und in Ewigkeit loben und anbeten.

Gott, befreie mich vom Gefühl der Sinnlosigkeit. Amen.

28. Dezember

Und ich sah: Ein Tier stieg aus dem Meer. Der Drache hatte ihm seine Gewalt übergeben. Und ich sah: ein anderes Tier. Es brachte die Erde dazu, das erste Tier anzubeten und bewirkte, daß alle getötet wurden, die das Standbild des Tieres nicht anbeteten. Und ich sah: Das Lamm stand auf dem Berg Zion, und bei ihm waren hundertvierundvierzigtausend. Sie sangen ein neues Lied. Sie sind ohne Makel. (Offb 13, 1.2.11.12.15; 14, 1.3.5; EÜ)

Wir haben die Wahl: bestialisch-unmenschlich oder göttlich-menschlich! Wir können das Tier anbeten, das vom Bösen gefördert wird – können gottwidrige, ungerechte, lebensfeindliche Strukturen anbeten – Götzen, die uns zu Marionetten machen. Wir können zugleich das Bild dieses Tieres anbeten – das, worin die Strukturen konkret werden: etwa Geld, Konsumgüter, Gewehre.
Oder wir stehen auf Christi Seite – da, wo der wahre Gott angebetet wird. Hier sind wir nicht sklavisch Erniedrigte, sondern singende, liebende Persönlichkeiten erhobenen Hauptes.

Gott, laß mich auf der richtigen Seite stehen. Amen.

29. Dezember

Selig sind die Toten, die in dem Herrn sterben. (Offb 14, 13; LB)

Wir wüßten ja zu gern Genaueres über die „ewige Seligkeit". Wir malen wunderschöne Bilder vom ewigen Leben in Gottes Welt – auch die Bibel kennt solche Bilder. Doch Bilder, so nötig wir sie haben, deuten nur bruchstückhaft auf die Wahrheit hin. Wie die ewige Seligkeit wirklich aussieht, können wir nicht wissen.
Eines aber können wir wissen – ebenfalls im Bild gesagt: Wie ich jetzt in Gottes guter Hand bin, werde ich im Sterben und in der Ewigkeit in derselben Hand Gottes geborgen und unendlich glücklich sein. Das muß und kann uns genügen.

Gott, ich danke dir für den starken Trost, in deiner liebevollen Hand jetzt und erst recht nach meinem Tod das Glück finden zu dürfen. Amen.

30. Dezember

Ein anderes Buch wurde aufgetan – nämlich das des Lebens. Und die Toten wurden gerichtet nach ihren Werken – wie es geschrieben steht in den Büchern. (Offb 20, 12; NT)

Wenn ich mein Leben als Buch und jeden Tag als Seite sehe, kann ich am Ende eines Tages kritisch die Seite noch einmal überblicken und einen Schlußpunkt setzen. Und schlage dann die nächste Seite auf, habe eine neue, einmalige Chance.
Am Jüngsten Tag wird jede Seite meines Lebensbuchs berücksichtigt. Ich muß nicht perfekt gewesen sein, sondern mich täglich um das Gute bemüht haben. Die entscheidende Frage im Endgericht: Hast du mit ganzer Kraft geglaubt, gehofft, geliebt?

Gott, laß mich jeden meiner Tage verantwortungsvoll leben. Amen.

31. Dezember

Dann sah ich einen neuen Himmel und eine neue Erde. Der auf dem Thron saß, sprach: Seht, ich mache alles neu. Wer will, empfange umsonst das Wasser des Lebens. Er, der dies bezeugt, spricht: Ja, ich komme bald. – Amen. Komm, Herr Jesus! Die Gnade des Herrn Jesus sei mit allen! (Offb 21, 1.5; 22, 17.20–21; EÜ)

Im Vergehen des Jahres auch ein Blick auf das Vergehen meines Lebens und das Vergehen der Welt – und die Bitte um das Kommen Jesu.
Die Bitte, daß er zu mir kommt und mich befreit von der Schuld und Last des vergangenen Jahres – daß er zu mir kommt und mich für das neue Jahr befreit zu mehr Glaube, Hoffnung und Liebe – daß er zu mir kommt in meinem Tod und mich befreit zum neuen, ewigen Leben – daß er wiederkommt, die Schöpfung aus ihren Tränen und Seufzern befreit und die neue, vollendete Welt heraufführt.

Gott, hab Dank für alles, was mich im vergangenen Jahr näher zu dir, den Mitmenschen und mir selbst gebracht hat – komm weiterhin mit deiner Güte in mein Leben, bleib bei mir, sei mein Leben für Zeit und Ewigkeit. Amen.

Anhang

Die Kurzmeditationen lassen sich auch als Baustein eines kurzen Morgen- bzw. Abendgebets verwenden. Vorschläge:

Morgengebet

Einleitung: In Gottes Namen. Amen.

Gebet: Mein Herz ist bereit, Gott, mein Herz ist bereit. Wach auf, meine Seele, ich will das Morgenrot wecken! Ich will dir danken und des Morgens rühmen deine Güte. Denn deine Güte reicht, so weit der Himmel ist, und deine Wahrheit, so weit die Wolken gehen. Du bist mir Schutz und Zuflucht in meiner Not, mein gnädiger Gott. Mit dir kann ich über Mauern springen, du gibst meinen Schritten weiten Raum. Mit Gott will ich Taten vollbringen. Amen. (Aus den Psalmen 18; 57; 59)

(Anderes Gebet:) Gott, ich danke dir für das Licht des neuen Tages. Erleuchte mich innerlich. Gib Kraft, Mut und Zuversicht, Gelassenheit, Freude und Liebe, damit dieser Tag ein guter Tag wird. Amen.

(**Es folgt die Kurzmeditation)**

Segen: Es segne mich und die ganze Welt an diesem Tag der dreieinige Gott aller Liebe: Vater, Sohn und Heiliger Geist. Amen.

Abendgebet

Einleitung: In Gottes Namen. Amen.

Gebet: Am Tage sendet Gott seine Güte, und des Nachts singe ich ihm und bete zu dem Gott meines Lebens. Was betrübst du dich, meine Seele, und bist so unruhig in mir? Vertrau auf Gott, denn ich werde ihm noch danken, daß er mein Heiland und mein Gott ist. So fern der Morgen vom Abend ist, läßt er unsere Übertretungen von uns sein. (Kurze Rückbesinnung auf den Tag) Gott, sei mir gnädig nach deiner Güte. Schaffe in mir ein reines Herz und gib mir einen neuen Geist. Ich liege und schlafe ganz im Frieden, denn allein du, Gott, hilfst mir, daß ich sicher ruhe. Amen. (Aus den Psalmen 3; 42; 51)

(Anderes Gebet:) Gott, aus der Unrast des Tages komme ich in deine Ruhe, in deinen Frieden. Laß es nun still werden in mir. Hab Dank für alles Schöne, das ich heute erfahren durfte. Schenk mir Kraft, das Schwere zu bewältigen. Vergib mir, wo ich gegen dich, gegen die Mitmenschen und gegen mich selbst gesündigt habe. (Kurze Rückbesinnung auf den Tag) Laß mich besser werden. Schenk mir in dieser Nacht einen friedlichen, erholsamen Schlaf, und laß mich einst den Frieden jenes Tages genießen, der ohne Abend ist. Amen.

(Es folgt die Kurzmeditation)

Segen: Es segne mich und die ganze Welt in dieser Nacht der dreieinige Gott aller Liebe: Vater, Sohn und Heiliger Geist. Amen.

Im Verlag Styria

Uli Heuel

FÜRBITTEN UND EINFÜHRUNGSWORTE

für alle Sonntage und Hochfeste,
für Taufe, Trauung
und Requiem.

Vorwort von Friedhelm Mennekes SJ.
170 Seiten, mit Zeigeband, gebunden.
öS 291,– / DM 39,80 / sFr. 37,–
ISBN 3-222-12353-5

Pressestimmen:

„Einfühlsame Sprache, die zeitgemäß ist,
ohne sich schnell verschleißenden Modetrends
zu unterwerfen."

Gottesdienst

„An jeder Stelle ist zu merken, daß der Verfasser
mit beiden Füßen im Leben steht und seine Frömmigkeit
echt ist. Ein Glückstreffer!"

Pastoralblatt

„Religion ist hier kein System, sondern Leben,
Liebe, Freiheit, Hingabe."

Christ in der Gegenwart

„Daß die Texte häufig persönlich gelesen
und öffentlich in der Gemeinde gebetet werden,
kann man nur wünschen."

Das Zeichen